한국의 전통마을

한국의

전통 마을

오 홍 석 지음

우리 문화의 뿌리를 찾아서를 펴내며

한국의 전통 문화를 세계에 알리고자 하는 의도에서 기획된 '우리 문화의 뿌리를 찾아서' 시리즈는 다양한 분야의 연구 성과들을 국내외에 소개함으로써 우리 문화의 독특함과 보편성을 알리고 세계 속에서 한국 문화의 위상과 학문적 경쟁력을 높이는 데에 그 목적을 두고 있다.

한글과 영어로 발간되는 이 시리즈는 지나치게 학술적인 경향이나 단순한 안내서의 수준을 지양하고 한국의 전통 문화를 이루는 근간을 다양한 사진 자료를 통해 세부적으로 집중 조명해 봄으로써 우리 문화를 폭넓고 깊이 있게 이해할 수 있도록 하는 데에 그 특징이 있다.

이 시리즈는 또한 현대 문명이 유발한 문제점들을 치유하는 대안이 한국의 전통 문화의 본질 속에 들어 있다는 것을 깨닫게 함으로써 세계인들이 한국 문화의 우수성을 올바로 이해하는 데에 크게 기여할 것이다.

2005년 1월

이화여자대학교출판부

책머리에

사람은 두 다리를 땅에 딛고 서 있는 상태로 활동하고 있다. 그런 까닭에 활동하기에 알맞은 무대로서 '단단하고 평평한 땅'을 선택해 왔다. 새처럼 날개를 갖지 않아도 허공에서 추락할 염려가 없고, 물고기처럼 부레가 없어도 물 속으로 빠질 염려가 없기 때문이다. 이것이 '고체(固體)의 성상'을 안은 땅으로 하여금, 지혜를 앞세우는 인간에게 '합당한 환경'으로 선택돼 온 배경이 되었다.

안전과 번영을 지향해 온 것이 영장(靈長)인 인류가 추구해 온 관점이라면, 선사시대부터 '땅을 삶의 터전'으로 선택·활용하며, 오늘로 이어지게 한 배경이 되기도 했다. 인류 역사는 수천년을 경과하면서 땅을 주된 활동 무대로 삼아 왔기에, 공간 속에 시간이 누적된 '결합의 의미'까지 안게 되었다. 뿐만 아니라, 과학과 문화가 발달된 오늘의 상황에서도 주된 활동 무대는 '토지의 권역'에서 크게 벗어나지 못한다. 지구 표면의 땅을 점거한 것이 세계 인류의 공통점이라면, 한국이라고 예외 지역으로 남을 수 없다는 것을 의미한다.

인류가 집단을 이루며 살아가는 거주 공간은 과거와 현재를 불문하고 모두가 땅 위에 한정된 공통점을 갖는다. 다만 주민들이 어떤 장소를 선택하고, 얼마나 큰 규모의 땅에 정착해서 무슨 일로 생업을 유지하며, 얼마나 오랜 역사를 통해서 문화를 창조해 왔느냐에 따라 지역·국가간 차이를 드러낼 뿐이다. 말단 단위가 '마을'로 표현되는 취락이고, 취락마다 '고유한 성격'을 갖는다고 전제할 때, 변천 · 입지 · 형태 · 기능에 따라 다양성을 드러내기 마련이다.

한국은 5천년의 세월만큼 민족의 삶과 관련된 역사는 길다. 그러기에 신흥 국가와 차별되는 '선조의 발자취'를 갖고 있으며, 이것이 장점이자 '민족적 자부심'을 키워 온 원천이 되기도 했다. 전통은 유구한 역사에서 비롯된다고 전제할 때, 장구한 시간과 더불어 면면히 이어 온 '전통마을이란 주제'는 무엇보다 앞서, 오랜 세월과 더불어 쌓여 온 '역사적 요소'에 초점을 맞추고, 발생 · 소멸 · 재현으로 이어져 온 변화 과정에 무게를 둘 수밖에 없다.

마을의 전통도 생존경쟁의 원리와 마찬가지로 역사 발전과 더불어 일관되게 지속되는 경우도 있지만, 때로는 사회 · 경제 조건, 주민 의식, 가치관이 반영되면서 변형 · 소멸 · 재현의 과정을 밟는다. 여기에다 정치 · 사회적 격동기를 거치거나 과학 기술 사조에 따른 급격한 현대화의 물결에 의해서, 전통적 요소를 '부정적 시각'으로 바라보며 소멸로 이어지도록 재촉하는 잘못을 범하기도 한다.

이와 같은 '잘못된 시각'과 풍조는 과학 기술이 앞선 서구적 물질문명을 선망하며, 우월성이 있는 동양 본래의 도덕과 문화까지 평가절하하면서 '폐기의 대상'으로 여겨 온 극단적 상황이 벌어지게 했다. 뒤늦게 '전통에 대한 절대적 가치'를 인정하면서, 복원에 의한 상황 재현으로 소중한 문화재에 대한 재평가를 하는 사례들이 주변에서 흔하게 나타나고 있다. 이런 점을 고려하여 우선 규모에 관계없이 '전통이 지속되는 거주 공간'에 대해서, 최우선적으로 주어진 과제의 범위를 정하게 되었다. 다음으로 위치 · 형태 · 기능 등 다양한 기준에 의거하여 마을 고유의 성격과 구조적 특색을 밝혀냄으로써, 유형이 다른 전통 마을에 대한 원래 모습을 찾는 데 주력했다.

역사는 과거의 시간 속에 펼쳐진 인간 활동의 결정체이다. 그러므로 시계열(時系列)에 따라 변화하는 속성을 갖는다 하더라도, 펼쳐지는 공간과 반드시 일치하는 상태로 남아 있지 않는다. 이것은 역사 · 문화가 토지 위에 실재로 전개되지만, 이것과 관련된 가시적 자료 확보를 어렵게 하는 요인이 되었으며, 거기에다 국토 분단의 현실적 상황은 체계적 접근을 어렵게 만들고 있다. 주제로 내세운 마을이 '삶이 전개되는 실제 공간'임을 전제할 때, 비도시의 개념에 그대로 적용할 수 없는 한계를 안게 되었다. 따라서 통치 체계가 조직화된 과거 상황에서, 크고 작은 마을 단위가 서로 연계되고, 도성에도 마을 관련 주제는 실재하고 있다.

여기에다 도성의 경우 의도적 보존이 양호할 뿐 아니라, 전통적 상황을 파악하는 데 보다 '유리한 위치'에 있는 관계로 예외를 두지 않고 대상에 포함시켰다. 특히 서울 · 경주는 5백년에서 천년에 이르는 오랜 기간에 걸쳐 왕조의 통치 거점으로 기능해 왔다. 그러기에 기능이 단절된 오늘의 상황에서도, 마을과 관련된 역사적 발자취와 함께 전통문화의 요소마저 보존된 채 남아 있는 관계로, 예외 지역으로 두질 않았다는 말이다.

내용을 전개하기 위해서 관련 분야의 고유 방법에 의거하면서도, 가급적 학술용어를 피하고 '평이한 문장 표현'에 주력하며 저널의 서술 방식으로 설명했다. 아무리 훌륭하고 가치가 있는 내용이라도 대중적 이해가 없을 경우 의미가 없다는 취지에 따른 것이다. 같은 맥락에서 관련된 사진 자료를 다수 첨부함으로써, 내용 이해를 위한 시각적 효과를 거두는 데도 주력했다.

지은이

차례

한국의 전통 마을

I.
역대 왕조와 도성

그림 1-1. 고도(古都)에 산재한 통치자의 고분

신라의 경주

신라는 한반도의 동남부에 자리잡고 영토를 확보했다. 통치의 거점으로 경주가 떠올랐지만 모체가 육촌(六村)에 있었던 사실을 감안할 때 '여섯 마을이 주축'을 이루면서 작은 나라의 연합체로 발족했던 것이 확실하다. 따라서 한 장소에서 '천년의 역사'를 이어 왔으므로, 도성(都城)이 처음부터 '계획된 모습'과 함께 큰 규모로 발전하지는 않았다. 오직 마을에서 시작하여 시간의 흐름과 더불어, 확대되어 '변화의 국면'을 맞이했을 뿐이다.

최초의 도성은 101년에 세워진 월성(月城)에서 찾을 수 있다. 형산강 수계의 남천(南川)을 따라 '반달 모양'을 띠며 조성된 데서 붙여진 이름이지만, 둘레가 1.8km에 이르는 작은 규모이며 토성(土城)을 쌓는 데 그쳤다. 이 안에 궁궐을 짓고, 왕은 왕족과 함께 거주하며 권력을 행사했으므로 통치 기능을 지속해 온 거점이 되었다. 남천으로 이어지는 뻘 속에서 목간(木簡)이 발견되면서, 이를 근거로 토성 바깥쪽으로 '해자(垓字)를 조성'했던 사실이 확인되고 있다.

해자는 인위적으로 조성된 물구덩이임을 전제할 때, 외부의 침입을 차단하고 방어하려는 전략적 의도에서 계획적으로 조성된 시설이다. 안전을 도모하는 것이 통치 거점의 필요조건이라면 견고한 산성(山城)

을 쌓을 수 없는 강 유역의 자연환경에서 물줄기를 전략적으로 활용한 것이다. 간과해서 안 될 점은 묘역(墓域)이 월성과 인접해서 분포해 있다는 사실이다. 이것은 마을 생활권을 중심으로 '생사(生死) 관련 공간'이 함께 조성되어 어우러져 있었다는 사실을 알려준다. 뿐만 아니라, 도성의 규모가 그만큼 '작은 규모로 출발'했음을 뒷받침하고 있다.

시간이 흐르면서 국가 발전의 토대를 마련하고 때를 맞추어 인구가 늘어나는 데서 도성 팽창에 따른 공간 정비 사업이 표면화되었다. 이것이 469년에 단행된 조방(條坊)제임을 감안할 때, 자연발생적인 형태에서 '계획적 도성'으로 전환된 변화 국면이다. 이를 계기로, 도로는 직선과 직각의 형태로 변형되면서 물자 · 군사 이동이 쉬워지는 데 그치지 않고, 물자의 집산 · 판매 기능도 활발해졌다.

이것은 도성 안에 '동서의 시장'을 등장케 한 배경이 되었지만, 당나라 왕도인 '장안(長安)의 양식'과 크게 다르지 않은 모습이다. 여기에다 신라 궁궐이 자리했던 월성이, 시장 전면(남쪽을 말함)으로 배치됐던 점을 고려할 때 '전조후시(前朝後市)의 전통 양식'과도 같은 맥락이다. 그만큼 국제 교류에 의한 문화 · 양식이 도입된 것을 의미하며, 교류 범위는 중국에 한정되지 않고, 원거리의 중동으로 확대된 흔적을 남기고 있다.

신라의 결정적 변화는 삼국통일을 기하고, 궁궐 조성을 획책하면서 드러난다. 이것이 궁궐 이전과 함께 안압지를 조성하게 된 계기이기도 하다. 문무왕이 왕세자로 있을 무렵, 백제의 항복을 받기 위해 부여를 방문했을 때 백제의 화려한 왕궁은 물론이고 부소산성과 함께 도성을 둘러싼 나성(羅城)을 목격하며 충격을 받은 데 따른 것이다. 따라서 통일신라의 위업 달성과 병행된 과시 욕구가 궁궐 이전으로 이어지게 된

그림 1-2. 안압지에 조성된 궁전

것이지만, 끝내 나성을 쌓지 못하는 한계를 안게 되었다.

궁궐의 조성 시기를 삼국통일 직후로 추정할 때, 통일을 완수한 문무왕 14년(서기 674) 이후인 것만은 확실하다. 『삼국지』에 쓰기를 "대궐 안에 못을 파고 산을 만드는 데 그치지 않고, 화초를 심었으며 진기한 새와 짐승을 길렀다"고 했다. 안압지가 인위적으로 조성된 호수임과 동시에, 자연미를 인위적으로 갖춘 '대궐의 정원'임을 암시하고 있다. 현재 복원된 건물은 형태상으로 '팔각(八角)의 가구 양식'이 두 채이고, 모음집의 형태가 한 채로 되어 있다. 전자의 규모는 정면 5칸이고 측면 4칸으로 된 단층이며, 높이가 33척(약 10m)에 달하는 누각 구조이다. 지붕은 기와로 덮은 팔작형이고 기둥은 둥글면서 붉은 색으로 도장된 홍주(紅柱)의 모습을 띠었다. 오늘에 이르기까지 수천년에 걸쳐 전통으

그림 1-3. 모형도에 그려진 정궁 모습

로 이어져 온 왕실 건축의 단면이지만, 현시점의 궁전처럼 겹처마의 특징은 찾을 수 없다.

안압지는 15,650m²에 이르는 규모인데, 연못 안에 3개의 섬과 12개의 봉우리를 조성하여 물과 어우러진 '육지와 섬'을 주제로 내세운 점에 구조적 특색을 찾을 수 있다. 연못가에 세워진 전각의 이름도, 물과 어우러진 '바닷가의 의미'를 담아 임해전(臨海殿)이라는 이름을 붙였다. 이런 점에서 전각은 손님을 맞기 위한 '연회 장소로 기능'하는 데 주력해 온 인상을 주고 있다. 『삼국사기』는 "경순왕이 도움을 요청하기 위해서, 931년에 왕건을 초청하고 연회를 베풀었다"는 기록을 남겼는데, 이를 뒷받침하는 내용이다. 또한 물을 끌어들이는 수구(水口)가 있는 사실을 볼 때 '인위적으로 조성된 연못(또는 바다)'임을 뒷받침함으로써, 별궁(別宮)의 주창을 배제하지 못하는 근거로 남게 되었다.

정궁(正宮)의 형태는 복원이 되지 않은 채, 안압지에 소장된 '유적지의 모형도'에 그려져 있다. 도면에 의하면 궁궐은 '목자(目字) 형태로 배치' 됨으로써 정궁의 가능성을 뒷받침해 주고 있다. 직선과 직각의 모습으로 회랑을 둘렀고, 정문을 통해 정전과 내전으로 들어가도록 설계된 특색을 가졌기 때문이다. 이것은 당대에 유행했던 '일탑(一搭) 식의 가람 배치'와 닮은꼴이며, 평양에서 복원한 '고구려의 안학궁'과도 유사한 점이다.

이런 내용에 대해서 『조선건축사』는 다음과 같은 글귀를 남김으로써, 오늘로 이어지는 '지속된 전통 양식'임을 입증하는 자료가 되고 있다.

> 궁성을 에워싼 성벽 안으로, 정전과 내전, 부속 시설로써 3분하고 있다. 경계선마다 작은 성을 쌓았으며, 공간을 세분한 흔적이 역력하다. 또한 남문 · 정문 · 정전 · 내전으로 이어지는 중심 건물들이 남북 방향을 따라, 일직선으로 배치되는 한편 우진각과 겹지붕이 주류를 이룬다.

이것은 한반도에서 발생 기원이 다른 왕조가 있었다 하더라도, 불교문화의 원류에서 동질성을 갖는 것과 관계된다. 따라서 전통문화의 유사성을 드러내는 한편 시대적 조정 과정을 거치면서, 오늘로 이어지게 한 궤적을 보여주는 자료가 되고 있다.

그림 1-4. 한강 유역의 몽촌토성

백제의 도성

한강 유역에 자리한 몽촌토성이 백제를 통치해 온 거점으로 기능했다. 이러한 입지는 미곡 생산에 주력하는 풍족한 경제 기반과 함께, 휘감는 강물 줄기에 의한 요새의 기능에도 알맞은 장점을 갖고 있다. 『삼국사기』에 "몽촌토성은 한강이 북쪽을 휘감고 있으며, 동쪽으로 높은 산이 솟아 있는 곳"이라고 썼듯이, 토성 외곽으로 조성된 환호(環濠)는 현재에도 실재함이 확인되고 있다.

이런 점에서 유로(流路)를 인위적으로 보완하고, 군사 목적 시설로 활용한 점에서 신라의 월성과 다르지 않으며, 자연을 이용해 온 초기 단계의 공통점을 갖는다. 토성의 형태는 남북으로 길고(약 800m), 동서로 짧은 타원형을 드러내고 있다. 따라서 자연 상태의 구릉을 보완하고, 토성을 인위적으로 조성한 관계로 굴곡이 심한 편이며 능선의 방향으로 목책을 조성함으로써 보완 기능을 강화한 특색을 갖고 있다.

이후 문주왕 · 성왕에 이르는 64년(457~538)에 걸쳐 금강 유역의 공주를 왕도로 삼았으며 이런 흔적은 무령왕릉 중심의 고분으로 입증되고 있다. 따라서 백제로 하여금 '왕도의 남쪽 이동'으로 이어지게 한 증거이며, 판도와 함께 국력의 위축을 가져오게 한 계기가 되었음을 의미한다. 이와 같은 과도기를 거쳐 정착한 곳이 부여이지만, 금강 유역의 범위를 벗어나지 못하는 한계를 안게 되었다.

이것은 백제의 주된 활동 무대가 광활한 한강 유역에서 벗어나 금강 유역으로 남하하면서 '위축의 국면'에 놓이게 된 것을 의미한다. 이런 상황마저 신라가 주도한 3국 통일 과정에서 패망했으므로, 원형이 보존된 역사와 전통적 유적지는 흔하지 않게 되었다. 조선 시대를 살았던 이승소는 다음과 같은 글귀를 남겼다. "해동의 안팎으로 산하도 웅장하여 셋으로 할거하고 나라를 세웠네. 서로 의지하지 않고 군사를 몰아 싸움도 많았으므로, 금성탕지(金城湯池)가 하루아침에 소용없으니, 노래하던 누각 춤추던 궁전이 연기 따라 사라졌네"라고.

이것은 부여가 '패망으로 빈 성터'가 되었음을 의미하고 있다. 그래서 당시 상황을 알 수 있는 유적지도 흔하지 않으며, 정림사지 · 궁남지 등이 명맥을 유지하고 있을 뿐이다. 전자는 부여로의 천도와 함께 6세기경에 세워졌고 고려 때에 중건한 것을 오늘날에 다시 복원한 것이므로, 지속성이 결여된 단점을 안고 있다. 이와 같은 한계가 있지만 당대의 모습을 되새길 수 있는 '자료의 가치'에서 이상의 것은 다시 없다.

구조적 특색은 중문 · 탑 · 금당 · 강당이 일직선상으로 배치됨으로써, 단탑(單塔)식의 전형을 드러낸다. 이것은 '쌍탑(雙塔)의 형식'으로 발전하기 이전의 초기 단계이며, 단순하면서도 우아한 모습을 담아내는 데 의미가 있다. 따라서 '일자(日字)와 유사'한 기하학적 형태를 그리며, 평면적 배치 양식을 나타내는 데 그치지 않고, 맞배지붕과 치미에 이르는 입체적 구조가 특색이다. 맞배지붕의 확산 거점에 백제가 있는 사실을 알리는 증거이기도 하다.

궁남지는 '궁궐의 남쪽에 위치한 연못'이란 뜻에서 붙여진 이름이다. 『삼국사기』에 쓰기를 "무왕 35년(634)에 궁궐의 남쪽에 못을 파고 20

그림 1-5. 단탑 배치의 전형인 정림사

여 리나 되는 곳에서 물을 끌어들여 주위에 버드나무를 심고, 못 한가운데에 방장산을 모방한 섬을 만들었다"고 했다. 이것은 한반도에서 가장 먼저 조성한 인공호일 만큼, 조경 기술도 뛰어나 '야생화와 연꽃'을 주제로 궁남지의 풍경을 조성한 데서 '꿈속과 같은 몽유(夢遊)의 세계'를 연출하였다.

백제의 조경 기술은 일본 황실로 전해질 정도였으며, 거점으로 기능한 금강 변의 '구드래 나루터'는 한 · 일간에 문물 교류의 시 · 종점으로 기능하면서 고대의 일본 문화 형성에 영향을 미쳤던 곳이다. 이와 같은

그림 1-6. 궁남지와 포룡정

백제의 영향을 반영하듯, 일본에서 백제를 '구다라'로 표현하는 것도 문화 전파의 원류인 '나루터의 이름'을 딴 것과 같은 맥락이다. 연못 가운데에 정자(포룡정)가 세워졌는데 육지와 연결된 나무 다리와 함께 팔각의 가구 양식을 드러낸 지붕이야말로 백제 문화의 단면을 읽을 수 있는 자료가 되고 있다.

고려 개성과 전통 마을

『고려사』에 쓰기를 "태조 2년(919)에 송악의 양지바른 곳을 선택하여 도읍지를 정했다"고 했다. '송악지양(松嶽之陽)'이라는 표현처럼 송악 남쪽의 양지바른 땅을 내세운 것을 볼 때, 왕도 선정 자체가 풍수설에 근거한 것이 확실하며, 도선이 주창한 마두(馬頭) 명당은 이를 뒷받침하는 단편적 증거이다. 양지는 남쪽으로 기울어진 사면이면서 전면에 펼쳐진 평야와도 다르므로, 풍수설에서 강조하는 '전사후생(前死後生)의 지형'과 맞먹는다고 할 수 있다.

이와 같은 지형은 산기슭에 형성되는 까닭에 인간 의지를 반영할 수 없는 제약이 따른다. 그래서 성곽은 자연 요소만을 담은 산성도 아니고 계획적 요소가 탁월한 나성(羅城)도 아니며 둘을 혼합한 중간 형태를 취하고 있다. 자연을 이용하되 '보충의 자세'에서 벗어나지 않으려는 사상 체계와 구도(構圖)에 따른 것이며, 이것은 궁궐 중심에 서 있는 '회경전의 정문'에서 구체화되고 있다. 고위 평면에 세워진 전각으로 오르기 위해서, 경사도의 완화와 더불어 불교의 우주관과 관련된 '33개의 계단'을 쌓았기 때문이다. 경주의 불국사에서 청운교-백운교의 이름을 가진 계단을 만들고, 평지-고위 평면 사이를 연결한 자연 이용 방법과 다르지 않다. 이것은 '국교(國敎)의 위치'에 있던 불교에서 시작

그림 1-7. 개성의 남대문

하여 신라의 전통을 계승한 것이 고려 왕조임을 암시하고 있다. 따라서 왕실의 위상을 장엄하게 보이려는 목표가 추가되었으므로, 이와 같은 목표는 단순한 계단에 그치지 않고 건축 구조에 반영됨으로써, 태실(太室)에 의한 왕의 전용 공간을 차별하기도 했다.

무엇보다 중요한 것은 내외의 성곽에 광화문 · 동대문 · 남대문 · 숭인문의 명칭을 붙임으로써, 조선조를 거쳐 오늘로 이어지게 한 '전통적 명칭'의 근원을 확보한 사실에 있다. 그중에서 개성의 남대문은 유일하게 남아 있는 고려 시대의 문화유산으로 알려져 있다. 대문은 화강암으로 된 축대 위에 지어졌으며, 정면 3칸, 측면 2칸으로 된 팔각(八角)의 가구 양식을 도입하고 있다. 지붕은 '요철(凹凸)의 기와'로 덮었고 팔작 형태를 드러내며 성문은 아치형을 보이는 데 특색이 있다.

고려 말기에는 정신 사조에서 송·명 시대에 번창한 성리학을 도입하여 경전 위주의 훈고학에 만족하지 않고, 이치와 함께 성선설에 바탕을 둔 인간 본성을 탐구하는 데 주력했다. 이와 같은 학문적 '시조의 위치'에 정몽주가 있었고 그 사상적 뿌리가 유교에 있었으므로, 불교에 안주해 온 전통과 달리 새로운 국면과 함께 새 시대를 맞게 되었다. 이를 주도한 정몽주는 개성의 성균관에서 학감(學監)을 지내고 지방에 향교를 설치한 인물로도 알려졌다.

숭양서원은 정몽주가 살던 집터에 세워진 교육 관련 시설이다. 고려조에 처음 지어서 조선조에 중건(1573)을 거쳤으므로, 양 왕조에 걸친 전통 양식이 겹쳐져 있는 곳이기도 하다. 그러나 오늘로 이어진 서원의 모습과 크게 다르지 않은 점에서, 전후(前後)의 두 왕조간에 정치적 구분만 있었을 뿐 정신과 문화에서는 큰 차이가 없다는 것을 알리고 있다. 서원은 강당을 중심으로 동·서재를 두는 한편, 지대가 높은 뒤편에 사당을 세웠으므로 '전학후묘(前學後廟)의 배치 형태'에서 벗어나지 못하게 했다.

고려의 멸망 과정에서 정몽주와 같이 죽음으로 지조를 보인 경우도 있지만, 대다수는 개성을 떠나 산간으로 들어가 세상을 한탄하며 '은둔의 터전'을 마련하였다. 이것이 경남 함안에 조성된 고려동학이다. 동학(洞壑)에는 '계곡에 자리한 거주 공간'으로 폐쇄된 의미가 담겨 있는데, 세속의 중심 무대를 떠나 은둔 생활을 위해 깊숙하게 들어온 것을 암시하고 있다. 집의 구조는 평옥(平屋)이면서 합각의 지붕과 함께 요철의 전통 기와를 얹어서 여조(麗朝)의 외형 구조와 크게 다르지 않다. 다만 분화 과정에서 여러 채의 집들이 '덩어리의 형태'를 이루며 좁은

그림 1-8. 함안의 고려동학

그림 1-9. 고려 시대에 번영을 누렸던 불교 사찰

공간에 집중되고 있을 뿐이다. 외부에 대한 경계심과 병행해서, 내부의 결속을 다지는 동족 마을의 토대를 형성하기 위하여 석재를 활용한 단단한 울타리와 함께 견고한 대문이 발달하였다. 집의 내부 구조는 겨울을 나기 위한 온돌과 함께 여름철에 주로 이용하는 마루가 혼합된 특색을 갖고 있다.

전자가 북방 문화의 특성이라면 후자는 남방 문화의 특성이다. 삶의 주체가 북방에 위치한 개성에서 남방의 함안으로 이주해 옴으로써, 둘의 지역적 특성을 혼합한 결과로 해석하고 있다. 다만 이주 초기부터 이런 구조를 도입했는가 하는 의문은 풀리지 않고 있다. 간과해서 안 될 점은 파생 과정을 통해서 동족 마을의 형태를 유지하고, 종가 중심의 재실(齋室)과 함께 공동 우물을 확보함으로써, 상부상조의 자립적 생활 기반을 확보해 온 사실이다.

그림 1-10. 서울을 에워싼 성곽

조선의 한양

한양은 마지막 왕조인 조선의 도성으로 기능했다. 이런 점을 고려하면 오늘에 이르기까지 600년의 전통을 이어 온 '역사 공간의 특성'을 가지고 있다. 조선 왕조는 이성계가 1392년에 건국했고 일본에 의해 강제로 합방되기까지, 오랜 세월 한 장소에서 전통을 계승시켜 왔다. 당시의 통치 거점은 한양이고 그 전통은 오늘로 이어져 왔으므로, 이곳에 유구한 역사와 함께 '오래된 구조물'이 산재해 있음은 당연하다. 먼저 도성을 에워싼 성곽을 예시할 수 있는데, 성저십리(城底十里)로 표현할 만큼 둘레가 엄청난 규모이다. 입지를 선정한 배경이 풍수설에 있었으므로, 성곽은 '중심의 산지'로 여기는 북악산을 근거로 삼고 있다. 장래가 보장되는 명당은 주산(主山)으로 여기는 산지의 기슭에 자리하는 까닭에, 도성의 중심에 선 경복궁이 북악산으로 치우칠 것은 당연하다. 이를 입증하듯 "최초의 궁성은 경복궁이며 북악산에 치우쳐 있다"라는 옛 기록이 남아 있다.

북악산에서 떨어져 나온 '두 갈래의 산줄기'는 동쪽의 낙산, 서쪽의 인왕산으로 이어져 있다. 이와 같은 '산세의 방향'을 따라 인위적으로 성곽을 쌓음으로써 성곽의 방향도 산세를 따른다. 그래서 성곽은 백악에서 시작되고 용과 범의 모습을 닮은 좌청룡과 우백호의 낙산 · 인왕산을 거쳐, 주작(朱雀)을 닮은 목멱산(남산을 말함)으로 이어지고 있다. 성곽을 쌓은 소재는 단단하고 무거운 석재에 의존했던 까닭에, 주변에서 쉽게 얻을 수 있는 화강암 계통이 주류를 이루었다.

성곽 소재가 단단한 돌담이므로 불에 타거나 비바람에 허물어지지 않으며, 외적 방어에도 가장 효과적인 시설로서 활용되어 왔다. 외부와의 소통을 위해서 4대문을 설치했는데, 숭례문과 숭인문은 오늘에 이르기까지 원형이 보존된 문화재로서 가치를 발휘하고 있다. 전자가 남대문인 데 반하여 후자가 동대문의 다른 이름을 붙인 것을 보면, 방위 개념과 연계된 명칭인 것이 확실하다.

남대문은 대표적 성문일 뿐 아니라 도성을 상징하는 문루(門樓)의 위치에 있다. 중요한 것은 문이 세워진 위치와 함께 구조적 특색에서 찾을 수 있다. 지형과 관련시킬 때 완만한 구릉이 평지로 이어지는 접합지대에 설치되었다는 사실이다. 이것은 외부를 감시하기에 알맞은 '조망의 장소'로서 인공 시설을 보태어 문루를 높일 경우 사방을 감시하는 '경계의 탑' 기능에도 적합하다. 뿐만 아니라 남대문은 방위 개념에서도 중요한 의미를 갖는다. 왕은 본래 남쪽을 향해 앉아서 다스리는 것을 근본으로 삼는 까닭에, 남대문을 통해서 들어오는 백성들에게 '위엄을 과시'하는 좌향(坐向)으로 알맞다. 대문으로 들어가는 입구는 아치형을 드러내고 비상시를 대비해서 '철판을 이용'해서 보강하고 있다.

지붕은 기와를 덮은 겹지붕이고 팔작 구조를 선보임으로써 '궁궐의 정전'과 닮았다. 남대문을 통해서 도성 안으로 들어오면 '대표적 궁궐'로서 경복궁이 나타나는데, 전면에 세운 광화문이 궁궐로 들어가는 관문 역할을 하고 있다. 이 밖에 궁궐 자체를 위해서 별도의 성곽을 조성하고 사방(四方) 문을 배치함으로써, 이것이 도성 내부에 구축된 '안전

그림 1-11. 서울의 관문이었던 남대문

그림 1-12. 궁궐 입구에 세워진 광화문

하고 작은 성곽'에 해당된다. 흔히 '구중(九重) 궁궐이라는 표현'을 쓰게 된 것도 이런 이유에서이다.

도성을 외성(外城)에 비유한다면 궁궐은 안쪽에 자리한 내성(內城)에 자리해 있다. 전자의 경우 험준한 산세를 이용한 차단 기능에 주력하여 자연발생적이며 곡선의 형태를 유지한 것이 특색이다. 이에 반해서 후자는 수많은 전각을 평지에 조성해야 하는 필요성과 함께, 경계를 통해서 안전을 도모하려는 의도적 계획에 따라 '기하학적 형태'를 유지하고 있다.

내성의 사방 문도 방위 개념과 연계해서 배치되는 까닭에, 동문에 해당하는 건춘문(建春門)과 서문에 해당하는 영추문(迎秋門)이 등장하고 있다. 동쪽은 일출의 방향이므로 계절 변화에서 '시작을 알리는 봄'에 비유되는 한편, 서쪽은 '노을을 상징하는 가을'과 연계되어 있다. 그렇지만 실제 상황과 거리가 있고 상상과 함께 사유적 표현에 그칠 뿐이다. 궁궐에서 바라보면 광화문도 남문에 해당하고, 신무문(神武門)은 북문에 해당된다.

이들은 궁궐 · 도성을 출입하는 '통로의 기능'에서 다를 뿐 남 · 북으로 향한 방위에서 마찬가지다. 따라서 북문 밖에는 시장이 있는 것이 원초적 형태이므로, 전조후시(前朝後市)로 표현하는 '전통적 궁궐 배치'에도 맞다. 방위 개념에서 앞은 남향이고 뒤는 북향이므로 표현상의 차이만 있을 뿐이다. 남대문이 서울을 외부로 에워싸고 대중과 호흡을 같이하는 시설이라면, 광화문은 궁궐을 에워싼 채 왕실과 귀족만 상대한다는 사실이 다르다. 차이점은 구조에서도 나타나고 있다. 남대문은 신분의 차별을 두지 않고 '하나의 출입구'로 통제 기능을 강화하는 데 주력한 반면, 광화문은 왕의 전용문인 어로(御路) 중심으로 3개의 통용

그림 1-13. 왕의 집무실이었던 근정전

문을 설치하여 신분에 따라 통로를 차별했기 때문이다. 광화문을 지나 궁궐로 들어가면 홍례문 · 근정문 · 근정전 · 사정전 · 강녕전 · 교태전이 자오선 방향을 따라 일직선으로 배치되어 있다. 여기에서 중심 건물로서 우뚝 선 것이 근정전이고, 왕의 등극 의식을 비롯하여 신하와 함께 사신(使臣)으로부터 인사를 받는 공무 집행 장소로 기능해 왔다.

건물 양식은 남대문 · 광화문처럼 겹지붕이면서 팔작 구조로 된 공통점이 있다. 따라서 나라 안에서 가장 웅장하고 화려한 건물의 등급에 해당하는 전각으로 취급되지만, 사찰의 대웅전과 큰 차이를 발견할 수 없다. 신라 · 고려 왕조시대에 불교를 국교로 삼았을 뿐 아니라, 교주(教主)인 불타를 안치하는 절을 궁궐과 대등한 위치로 격상한 데 따른 것이다. 여기에다 조선 왕조는 유교를 국교로 삼았으므로 교주인 공자를 신성시한 것도 같은 맥락이다. 다른 점은 '왕의 침실'에 해당하는 강녕전에 용마루를 설치하지 않은 사실에 있다. 왕을 '하늘의 아들'인 천자(天子)에 비유할 만큼 신성시했으므로, 하늘을 가리는 어떠한 시설도 왕이 상주하는 침실에 용납하지 않았다. 왕을 용에 비유하여 앉는 의자를 용상(龍床), 입는 의상을 용포(龍袍)라고 이름을 붙였다. 천부적 출신 성분에 그치지 않고 거처 · 가구 · 의상을 통해서 일반인과 차별하며 위엄을 내세우기 위한 방편에서 비롯된 것이다.

용마루가 없는 구조는 창덕궁의 대조전과 함께 창경궁의 통명전에서도 드러나는데, 모두 왕과 왕비의 전용 공간이라는 공통점이 있다. 창덕궁은 태종 5년(1405)에 경복궁 다음으로 지어진 궁궐인데, 서열과 배치 양식에서 정궁(正宮)에 버금가지만 권좌에서 물러난 왕이 여생을 보내기 위한 곳으로 '실권을 쥔 왕좌'를 앞서가지 못하는 한계를 안고 출발했다. 그래서 정궁인 경복궁에 비해 '비중 · 서열'에서 밀려났을 뿐 아니라, 주산으로 여기는 백악산 줄기에서도 멀어진 관계로 주산을 향한 '일직선상의 궁궐 배치'를 이루지 못했다. 그러나 조선 왕조의 초기 작품으로 '원형이 보존'된 점에서 인정전을 비롯하여 유네스코가 지정한 '세계문화유산'으로 등록될 만큼 전통 문화재적 가치를 발휘한다.

이런 점에서 경복궁과 창덕궁은 '본지(本支)간의 파생 관계'에 있는 궁전인 것이 확실하나, 세계가 인정하는 문화유산의 가치에서만큼은 창덕궁이 앞서고 있다. 경복궁은 일제 강점기를 맞이해서 총독부를 세우기 위한 철거 운명을 빗겨 가지 못했는데, 다만 창덕궁은 돈화문 · 진선문 · 인정문을 통해서 연결되지만, 직선상의 배치를 이루지 못하는 한계를 안은 것이 결함으로 작용하고 있다.

그림 1-14. 왕의 침실인 대조전

이들 문을 들어서면 품계를 따라 벼슬아치들이 임금에게 조례(朝禮)를 올리는 광장이 나오고, 여기에 돌을 깎은 판석(板石)을 깖으로써 기상 변화에도 지장이 없는 시설을 마련했다. 광장 주변은 ㄷ 또는 ㅁ형의 '회랑을 설치'함으로써 비가 올 때에도 제약을 받지 않는 통로를 확보한 점에서 궁궐의 공통점을 보여주고 있다. 회랑에는 수많은 기둥이 세워졌는데 둥근 형태이고 '붉은 색채로 단장'한 점에서 불교 사원과 마찬가지이다.

불교가 발생한 인도는 열대에 해당하는 기후이다. 따라서 빗물에 의한 침식 · 산화로서 빨간 색깔의 토양이 탁월하다. 이것을 자연 염료로 이용하여 기둥에 칠했으므로 홍주(紅柱) · 홍문(紅門)을 낳게 된 배경이 되었다. 다시 말하면 '붉은 색의 도장 문화'는 인도에서 발생한 불교와

그림 1-15. 정전과 연결 통로인 회랑

관계되고, 전파 루트를 통해 다른 지역과 국가로 확산되면서 기둥 · 대문에 투영된 '문화의 유사성'을 드러나게 했다는 뜻이다. '붉은 기둥으로 된 회랑'은 좌우로 분화되며 신분에 따른 통용문을 정해 줌으로써 질서 유지를 도모하였다. 현판에도 융문(隆文) · 융무(隆武)의 글귀를 표시함으로써 문무 양반에 따른 전용 통로를 구분했다. 전용 통로는 내부에도 마련되고 두 건물 사이를 가로질러 'H자의 형태'로 연결한 점에서, 다 같은 통로라도 외부의 회랑과 내부의 통로를 차별하였다.

특기할 점은 창덕궁의 뒤뜰에 아름다운 후원을 조성하여 수려한 자연미를 살리고 인위적으로 보완함으로써 궁궐의 뒤뜰로 기능해 온 장소를 별도로 만든 사실이다. 바위와 물이 어우러진 옥류천, 둥근 하늘과 네모진 땅을 형상화한 부용지는 대표적이다. 전자는 '옥과 같이 맑

그림 1-16. 내전을 연결한 통로와 뒷벽

은 물줄기'에 비유하여 자연의 아름다움을 시와 글로써 표현하며 왕실의 정서 순화를 위해 기능해 온 장소이다. 후자는 당대의 세계관을 압축해 놓은 연못이며, 여기에다 연꽃을 심어놓고 노니는 기회를 마련함으로써, 군자의 '여유와 덕성'을 배양하는 장소로 역할하기도 했다. 연못을 내다보는 언덕에 규장각을 세워 학자들이 정신 활동에 주력하는 '산실이자 문고(文庫)'로서 기능하기도 했다. 이곳에는 제한된 범위이지만, 궁궐의 뒤뜰이면서 비경을 감추어 놓았다 해서 비원(秘苑), 보통 사람이 들어가지 못하는 뜰이란 의미에서 '금원(禁苑)'이라는 이름을 붙이게 되었다.

모두가 뛰어난 자연 경치를 간직한 데서 비롯된 것이며, 언덕 위에 세워진 승재정은 '아름다운 경치'를 내려다보는 이른바 '전망의 장소'

그림 1-17. 비원의 규장각

그림 1-18. 궁궐의 별장인 낙선재

란 의미까지 담고 있다. 장래의 통치자로서 수련을 쌓는 '왕자의 학습장'으로서 안성맞춤의 장소이기에, 이곳에는 효명세자가 즐겨 글을 읽었던 기오헌과 함께 존덕헌이 자리하고 있다. 낙선재도 헌종이 편안한 휴식을 취하며 독서를 즐겼던 궁궐 속의 '별장과 같은 공간'이다. 단청도 생략했으므로 이런 공간과 시설은 '고립과 단절'의 의미를 동시에 안고 있다.

그래서인지 모르지만, 이곳은 패망한 왕조의 태자인 영친왕의 은거처로 활용돼 온 까닭에 '궁궐 속의 유배지'와 다름이 없는 곳으로 기능해 왔다. 영친왕의 부인이 일본 황실의 방자(方子)여사임을 감안할 때, 한일 양국이 낳은 '비련의 주인공'에 해당하여 한적한 것보다 유폐의 의미에 가깝다고 할 수 있다.

Ⅱ.
서울과 주변 마을

별궁 마을

남 · 북촌의 지역 분화

종묘 마을과 사직

성균관과 생원 마을

묘지기 마을과 묘역

그림 2-1. 삼궁의 하나였던 화경재

별궁 마을

경복궁이 조선 왕조를 대표하는 '상징적 궁궐'이며 정궁의 위치에 있었다면, 세월에 따른 성쇠 과정에서 '별도의 전각'이 생겨나는 것은 당연하다. 이것을 별궁 · 이궁이라고 표현할 때, 본거지와 차별되는 '별도의 궁전'으로 기능하며 멀리 떨어진 특성을 안고 있다. 경복궁 · 창덕궁 · 창경궁 등은 '궁궐의 본거지'로서, 거의 맞닿은 곳에 인접한 특성을 갖고 있다.

별궁은 이와 대조적으로 개구리의 뜀박질처럼 '비지(飛地)의 성향'을 보이는 까닭에, 상당한 거리를 유지하는 것을 특색으로 삼고 있다. 또한 '파생적 의미'를 안는 공통점이 있어서 발생 근원이 되는 본거지와 구조 · 위상에서 차별될 것은 당연하다. 이것이 별궁을 낳게 한 배경이었다. 따라서 도성 외곽이면서 한강 이남의 광수산 기슭에 구체적 장소를 처음으로 선정한 사례가 되었다.

세종의 다섯째 왕자인 광평대군이 일찍 타계하여 세 아들이 묘지기를 위한 '효심의 별궁'을 묘역에 세우면서 별궁 건립은 시작되었다. 그러나 이것은 외형상의 명분일 뿐 그 속에는 '왕자의 난'에서 겪은 후유증 때문에 왕실 도피로 이어지게 된 것으로 보인다. 이유가 어디에 있든간에 왕손에게는 별궁을 지어주는 혜택이 주어졌고, 원거리에 세 개의 궁전이 등장했다는 의미에서 삼궁(三宮)과 함께 '궁 마을의 탄생'을 가져오게 했다. 이것이 화경재(火敬齋)로 구체화되었지만 당시의 상황을 복원한 것에 불과하며 주변의 광평대로는 이와 같은 역사적 사실을 도로에 반영한 것이다.

이후 별궁 · 행궁으로 표현된 궁전들은 경희 · 휘경 · 연희 · 덕수 · 운현 등 여러 곳에 지어졌다. 그중에서 대한제국이 선포되고 마지막 황제가 살았던 곳은 덕수궁이다. 발생 근원을 따질 경우 임진왜란 때에 의주까지 피난길에 올랐던 선조가 '보수의 과정'을 거친 데로 소급되고 있다. 이런 점에서 덕수궁은 선조 시대로 거슬러 올라가는 낡은 요소와 고종 · 순조에 이르는 '신문화적 요소'가 혼합된 특성을 갖고 있다. 중화전이 전자에 해당하는 대표적 건물이라면 석조전은 후자에 해당하는 대표적 건물이다. 이 밖에 중요한 건물로서 석어당이 있는데 임진왜란의 피난길에서 환도한 다음, 왕족의 임시 수용을 위한 '다세대 주택'과 유사한 시설로서 구조가 중층이라는 것에 의미가 있다.

고려 초기부터 중층을 금지해 온 전통에 의하면 2층의 석어당은 '파격적 구조'이다. 중층을 금기시한 이유가 '땅기운을 빼앗기지 않기 위한 방편'에서 비롯된 것이라면, 이것은 안정을 보장받던 평화 시대에나 적용될 법한 일이다. 외세의 침략으로 안식처를 당장 걱정해야 하는 상황에서, 오직 삶과 관련된 다급한 사회 · 경제적 조건 때문에 토지의 집약적 이용에 의한 다층 구조로서, 수용 능력을 확대하는 일에 왕실이 솔선했던 것이다.

마지막 별궁은 대원군이 살았던 운현궁에서 찾을 수 있다. 조선 왕조의 정통 계보가 끊겼을 때 방계(傍系)에 해당하는 '이하응의 아들'로 왕통을 잇게 함으로써 '고종황제는 왕위'에 오르게 된다. 따라서 친아

그림 2-2. 중층의 석어당

버지인 이하응에게는 '대원군의 작위'를 부여하는 한편, 왕의 생부만이 누릴 수 있는 특권이 부여되었다. 이 궁궐은 종로구 운니동에 자리하며 근대화 과정에서 쇄국 정치를 펼쳤던 역사의 현장이 되었다.

『세종실록』에 의하면 가옥 규모에서 대군은 60칸, 공주와 친형제는 50칸이며, 서인(庶人)은 10칸으로 되어 있다. 이와 같이 신분에 따라 거주 공간을 차별해 온 전제군주 체제의 관행은 조선 말기에도 계속되었다. 그렇다 하더라도 최상 · 최하의 격차에서 조선조는 6 : 1로 간격을 벌려 놓음으로써 2 : 1의 간격을 보였던 신라 시대와 비교가 되지 않을 정도였다.

여기에다 누각은 물론이고 정침과 퇴주(褪柱)의 길이, 차양과 행랑의

그림 2-3. 대원군이 살았던 운현궁

크기도 신분에 따라 제한하였다. 이런 점에서 거주 공간으로서의 주택은 가구주의 사회적 신분과 함께 경제적 사정을 알리는 '상징물로 취급' 되어 왔다. 대원군은 '왕의 생부' 이기에, 개인적으로는 가장(家長)의 위치에 있을망정, 왕위에 오른 아들인 '고종의 궁전' 을 능가할 수 없는 제도적 한계 때문에 '주거 공간이 제한' 되었던 것만은 사실이다.

남 · 북촌의 지역 분화

예전의 서울은 남촌(南村)과 북촌(北村)으로 거주 공간이 분화되었다. 방위 개념에 따라 거주 공간이 둘로 크게 나뉜 것이다. 전자가 남산의 북쪽 기슭에 위치하였다면, 후자는 북악산 줄기에 자리한 위치상의 차이를 드러내었다. 모두가 산기슭에 자리한 '지형상의 공통점'과 함께 전망이 양호하다는 공통점을 갖추었다. 그러나 방위에서만큼은 서로 다르다. 북촌이 양지바른 남쪽을 향하고 있는 데 반하여, 남촌은 음습한 '그늘의 북향'을 바라보기 때문이다.

풍수설에서 지향하는 것이 '양지바른 명당'이고, 이상적 모델을 '북쪽이 높고 남쪽이 낮은 지형'에서 찾고 있으므로, 그 전형적 사례가 북촌에서 드러나게 되는 것이다. 따라서 북촌은 궁궐로 이어지는 '연속된 장소'의 성격만큼이나 지형상의 특색도 궁궐에 다음갈 정도로 높게 평가받아 왔다. 이것은 궁궐 다음으로 호조건을 갖춘 거주 공간으로 떠오르면서, 지배 계급인 양반(兩班)에 의해서 활발한 점유가 이루어졌다는 것을 의미한다.

서울의 지형에 대해서 예전부터 표현하기를 '안팎에 걸쳐 네 개의 산으로 에워싸인 곳'이라고 했다. 도성에 직접 영향을 주는 산은 안쪽에 자리한 사위산(四圍山)으로서, 북악산 · 인왕산 · 남산 · 낙산이다. 이들

그림 2-4. 경사지를 활용한 북촌 주택가

산지는 가운데에 놓인 '평평한 분지'를 에워싼 형국으로 다가오는 한편, 분지는 동쪽을 향해서 흐르는 청계천을 따라 펼쳐졌다. 이런 점에서 청계천은 남북을 가르는 주된 수계(水系)가 되는 동시에 남촌·북촌으로 지역을 가르는 '예전의 마을 경계'와도 거의 맞먹고 있다.

서울에는 예로부터 '다섯 곳의 승지'가 있는데, 삼청동·인왕동·쌍계동·백운동·청학동이 그 구체적인 장소였다. 이들은 북악산·인왕산·남산과 연계된 공통점을 안고 있다. 이런 점을 고려할 때 승지(勝

地)와 명당은 '산 좋고 물 맑은 곳'이라는 사실을 알 수 있다. 그중에서도 삼청동은 주산으로 기능하는 북악산 기슭에 자리함으로써, 울퉁불퉁한 산자락에 해당하여 산지도 아니고 평야도 아닌 '지형상의 특색'을 갖추고 있다.

이것이 "산도 아니면서 들판도 아니라"고 표현한 명당 형국이다. 『용재총화(慵齋叢話)』에서는 "삼청동이 도성 안에서 첫째로 손꼽히는 승지"라고 제시한 바가 있다. 경치가 아름다운 데 그치지 않고, 장래성이 보장되는 명당임을 암시하는 글귀이다. 『동국여지승람』에도 도성 안의 승지에 삼청동을 포함했다. 삼청(三淸)이란 이름도 냇물이 바위 사이로 흐르므로 "산이 맑고 물이 맑으며 인심 또한 맑은 데서 비롯"된다.

연경당은 궁궐 안에 조성되었지만 대표적 양반 저택으로 북악산 기슭에 자리한 북촌의 공통점을 안고 있다. 순조 28년(1828)에 궁궐 밖에서 이루어지는 '사대부의 생활 체험'을 위해서 지어진 연경당은 양반 저택의 원형을 잘 보존하고 있다. 여기에다 민간의 허용 한계인 99칸의 공간 규모를 유지하고 있는 까닭에 자연과 조화된 '장중한 모습'에서 단연 으뜸이다. 다만 단청을 불허한 것이 궁궐과 차별된 모습이다.

간과해서 안 될 점은 연경당은 풍수지리에 근거하여 지어졌다는 사실이다. 북악산 줄기의 완만한 기슭에 자리잡는 한편, 물줄기를 우회하도록 인위적으로 유도하고 생기를 모으기 위한 방편으로, 집 앞에 연못을 조성한 데서 이를 입증하는 근거를 찾을 수 있다. 물줄기를 건너가면 소슬대문인 장락문이 나오고 이를 통과할 경우 다시 장양문이 나오는데 바로 사랑채와 통하도록 설계되어 있다. 사랑채는 남자들의 생활 공간이며, 외부 지향의 성격을 안고 있다. 여기에서 수인문을 지날 경우 안채로 연결되는데, 여성이 활동하는 주무대이면서 내부 지향의 구조로

그림 2-5. 99칸 규모를 자랑하는 연경당

변형된다. 다분히 남녀유별의 차이를 전제하고 이중의 생활 공간을 설계한 증거로 남는다. 그렇다 하더라도 세부 사항일 뿐 큰 골격에서만큼은 '바람과 물'로 표현되는 풍수에 최우선을 두고 있다. 인간 생활에 영향을 주는 것이 자연인 이상, 자연 요소에 적응하려고 노력을 기울이는 것은 당연하다.

이런 점에서 삼청동은 이름에서 '맑고 투명한 자연'이라는 뉘앙스를 풍기는 곳이며, 방위에서 남향을 이루고 있으므로 북촌을 대표하는 '양지의 땅'이라고 할 수 있다. 사람들은 "산이 맑고 물 맑은 곳에서 걸출한 인물이 태어난다"고 믿어 왔다. 이와 같은 구전(口傳)을 증명하듯, 인접한 동네에 '여덟 명의 판서(오늘의 장관직)가 배출되었다'고 붙여진 팔판동이 자리하고 있다. 따라서 고관대작으로 표현되는 높은 벼슬아치들은 물론이고 왕족에 이르기까지 집단으로 거주해 온 전통 마을이 세워진 곳임을 뒷받침하는 증거이다.

이웃한 인왕동에는 태종의 둘째왕자인 효령대군이 살았고 백운동에는 중종 때의 명신(名臣) 소세양이 집을 짓고 살았다. 이것만으로도 왕족과 양반들이 많이 거주한 마을임을 알 수가 있다. 『매천야록(梅泉野錄)』은 보다 상세하게 다음과 같은 내용을 다루고 있다.

> 종각이 있는 서울의 대로를 기준으로, 북쪽을 북촌이라 부르면서 노론(老論)이 주로 사는 데 반하여, 남쪽을 남촌이라 부르면서 소론(小論)과 함께 삼색이 섞여 살았다.

그림 2-6. 집단으로 거주해 온 전통 마을

경계에서 수계(水系)와 다른 표현이지만, 거주 공간에서 남북의 분화와 병행해서 주민의 사회적 신분까지 제시했다는 점에서 발전적 내용이다. 노론이 영조 · 정조대를 거치면서 집권 세력으로 등장했던 점을 고려할 때, 이들의 집단 거주는 '지배 계층의 단일 요소'에 의해 특화된 장소로 떠오른 것이 분명하다. 그러나 권력에 아부하거나 정보를 얻기 위해서 몰려드는 무리도 적지 않았으므로, 주택가 전체가 고관대작의 집으로만 채워지지는 않았다. 그래서 영세한 주택과 함께 겨우 통행이 가능한 '협소한 골목'이 오늘까지 이어졌던 것이다.

남촌에는 지도 계급마저 '삼색(三色)으로 표현'될 만큼, 정치 노선에서 잡다한 요소가 뒤섞여 있었다. 거기에다 '남산골 샌님'(생원을 말함)으로 통용되듯 벼슬길에 나서지 못한 '가난한 선비'들이 주로 살았다. 거주 공간의 지위에서 북촌에 밀려난 것은 주민 신분과 연계되는 사회적 요인과 함께, 양지가 아닌 자연 조건이 복합된 데 따른 것이다.

그렇다 하더라도 예외적 현상은 있기 마련이어서, 청학동으로 알려진 승지는 대표적 사례로 알려졌다. 이곳에는 권람의 저택이 들어섰고, 무학대사가 골라줄 정도의 명당이며, 세조의 행차와 관련된 어정(御井)이 있을 만큼 유서가 깊은 곳으로도 유명하다. 따라서 안방과 대척 상태의 사랑채를 중심으로, 주거 공간이 연속된 모습으로 드러나는 한편, 후원에는 '별채의 가묘(家廟)'가 설치되어 있는 것에서 궁궐과 다르지 않은 조상숭배 사상을 보여준다.

이 밖에도 후원에는 별당이 마련되어, 딸들의 거처로 활용하거나 '데릴사위의 방'으로 기능하였다. 이것은 여성을 밖으로 내세우지 않으려는 의도에서 설계된 것이다. 고구려 때부터 "대옥(大屋)으로 표현되는 큰집 뒤에 데릴사위의 집을 두었다"는 전통과도 관계된다. 아무리 사위

그림 2-7. 후원의 장독대와 우물

라 한들 혈통을 중시하는 파생 계보에서는 외척(外戚)이며 이질적 요소라고 본 데서 비롯된 것이다. 또한 후원에는 우물 · 장독대 · 창고를 설치하여 대문 안에서 자급자족의 생활 기반을 마련하도록 구조적으로 조치하였다. 이것은 한국의 전통 가옥에서만 볼 수 있는 고유 양식으로 불안한 사회 여건에서도, 외부와 단절한 채 안전한 생활을 도모하는 방식을 강구한 데 따른 것이다.

그림 2-8. 길게 늘어선 장옥 구조의 종묘

종묘 마을과 사직

조선 왕조의 임금과 왕비의 위패를 봉안하는 '왕실의 사당'을 종묘(宗廟)라고 한다. 조상숭배의 사상에서 비롯된 것인데 배치 양식에서 '좌묘우사(左廟右社)의 전통'을 따랐다. 궁궐을 기준으로 삼을 때 종묘는 왼쪽이고 사직단은 오른쪽에 배치하는 형식이다. 종묘가 세워진 것은 세종 3년(1421)이지만, 그 기원을 거슬러 올라가면 고구려 대무신왕이 '동명성왕 묘(廟)를 건립'한 것에까지 이른다.

대무신왕은 동명성왕과 '손자 · 조부의 혈족 관계'이다. 이 때가 서기 20년임을 감안할 때, 오늘에 이르기까지 2천년 가깝게 조상숭배 사상을 기본으로 하는 민족으로 한국 역사는 기록되고, 이런 사상이 전통 마을에 반영되어 왔다. 종묘는 세종 때에 신축되었으나 임진왜란을 기해서 소실되었으므로 '장구한 역사의 원형'을 그대로 유지하지 못한 한계를 가지고 있다. 그러나 선조 때에 재건축(1608)한 것만으로도 현재에 이르도록 '400년의 역사'를 간직한 셈이다. 이를 반영하듯, 이곳에는 '묘동(廟洞)'의 동 이름에서 시작하여, 오래된 수목 · 건물과 함께 고유한 특성을 지닌 가시적 경관들이 산재해 있다. 간과해서 안 될 점은 종묘를 궁묘(宮廟) · 침묘(寢廟) 등의 이름으로 표현한 사실에 있다. 절대권력을 지닌 왕실이 조상신을 생전과 다르지 않게 예우해 온 데서 비롯된 것이다.

전자가 임금이 거주하는 궁궐과 '대등한 시설'로 격상된 의미를 갖고 있다면, 후자는 임금이 '잠자는 침실'에 비유한 것이다. 모두가 신성한 의미와 함께 생전의 조상을 봉양하듯 '지극 정성의 뜻'을 담고 있다. 이것은 신체 · 피부 · 머리털에 이르기까지 '몸의 전체'를 부모에게서 물려받았다는 '뿌리의 중요성'을 강조한 데서 비롯된 것이다. 그래서 네 계절의 변화에 따라 집행하는 시제(時祭)와 함께, 관리를 전담하는 부서를 두었다. 이것을 종묘서(宗廟署)라 불렀고 종사하는 사람과 더불어 기능 수행을 위해서 마을 형태의 시설을 갖추게 되었다. 동람에 쓰기를 "태실은 가운데에 있는데 남쪽으로 향해 있고 무릇 7칸의 크기다. 동서에 각각 2칸의 협실을 두었지만 위패의 자리는 태조가 첫 번째요 소목(昭穆)이 두 번째라"고 했다. 소목은 홀수와 짝수로 세대를 분류한 것에 불과하므로 '으뜸의 위치'에 있는 태조를 제외하고 왕의 서열 배치에서 특별한 의미를 두지 않았던 것이다.

이곳은 용마루가 높고 낮으며 칸수가 많고 적은 건축 구조에 그치지 않고, 위패의 배치 상태와 함께 '위패를 안치'한 옥내의 질서까지 알리는 내용이 되고 있다. 먼저 건물 구조에서 높고 넓은 것이 태실(太室)이라면 낮고 좁은 것이 협실(夾室)이다. 전자는 중추 기능을 담당하는 건물로서 여기에 안치한 위패도 조상신과 함께 태조에 한정된다. 후대의 임금일수록 '양쪽의 측면'으로 밀려나며 서로간에 '대등한 관계'를 구조적으로 유지하고 있다.

조선 왕조는 27대에 이를 만큼, 수많은 왕들이 도열한 열성(列聖) 시대를 열었다. 따라서 태조를 제외한 열성들에게 차별을 두지 않았고, 거의 같은 규모로서 균등한 배분 방식을 취한 까닭에, 측면을 향해서 공간이 확대될 수밖에 없었다. 이것이 현대판 연립주택처럼 '불균형한 장옥

그림 2-9. 종묘에 부속된 수복방과 전사청

(long house)'을 드러나게 한 배경이 되었고, 정전(正殿)의 경우 길이가 101m에 이르고 있다. 다만 태조를 중심에 두고 왼쪽에 짝수, 오른쪽에 홀수의 세대를 배치함으로써, 죽어서 평등의 관계를 알리는 증거가 되고 있을 뿐이다.

길게 늘어선 건물은 지붕 구조에 반영되어 맞배지붕으로 이어지게 하는 한편, 통로를 위한 회랑을 낳았다. 붉은 기둥이 열을 지어 늘어서 있는 회랑을 벽까지 붉은 색으로 도장한 것을 볼 때, 비록 사후 세계와 연계된 공간일망정 홍주(紅柱) 문화의 특성에서 종묘도 궁궐 · 사찰과 유사성을 안고 있다. 외부로 통하는 문에는 신로(神路) · 어로 · 태자로를 구분하고 있는데, 이것은 조상신을 최우선시하면서 '죽은 넋을 예우' 하는 관행에서 비롯되었다.

그림 2-10. 보통 우물과 차별한 제정

조상에 대한 예우는 '치성으로 제사'를 올리는 의식으로부터 시작되었다. 제사를 올리기 위해서는 제상(祭床)이 필요하고 정성이 담긴 제수(祭需)를 마련하게 된다. 이와 같은 제물을 만드는 전용 시설로서 전사청이 조성되는 한편, 제물의 진열과 점검을 위해서 수복방이 세워졌다. 또한 제물의 준비 과정에 필요한 것은 물론이고 의식 절차에 들어가기 전에 세수와 목욕재계를 위해 청결한 물이 필수적이므로, 이것을 제정(祭井)이라고 이름을 붙여 보통 우물과 차별했다.

왕도 제례를 올리기 전에 솔선수범해서 목욕재계의 과정을 거쳐야 하는 까닭에 제정의 물을 길어 활용하였다. 이러한 장소를 위해서 어숙(御宿)실을 마련하였는데, 이것은 종묘에만 있는 고유 시설이 되었다. 구조상의 특색은 어실 · 태자의 전용 공간을 별도로 마련하는 한편, 목욕실이 달린 시설에서 찾을 수 있다. 그 명칭에서도 보통 사람의 전용 공간

그림 2-11. 자연신앙의 단면인 사직단

과 차별하여 어목(御沐)이란 '존대의 의미'를 내세웠다.

한편, 인간의 존재가 '자연과 밀접한 관계'에 있는 사실을 알게 되면서부터, 토지와 오곡(五穀)에 관한 신을 '숭배의 대상'으로 삼게 되었다. 그것은 식량이 토지의 보육하는 힘에 의해서 생산되는 것이라는 믿음에 따라, 전통적으로 '땅과 같은 어머니'라는 자연신앙 체계를 구체화하며 답습한 것에 불과하다. 그리스 시대에 태양과 불에 이르기까지 의인화하면서 숭배 대상으로 받든 것처럼, 모든 자연 현상에 신이 존재한다고 믿은 데 따른 것이다. 그래서 서구 사회의 유일신과는 다른 '천부 신앙(heaven father)이 존재'했는가 하면, 국민의 의식주와 직결되는 현실 환경을 위해서 왕실이 앞장서 '땅과 오곡'에 관한 것만을 추려내었다. 다시 말하면, 인간 생활과 관련된 자연을 '하늘과 땅'으로 압축해서 신앙 체계를 공식화했던 것이다.

그림 2-13. 강의를 전담했던 명륜당

성균관과 생원 마을

국가의 융성과 발전을 이끄는 것이 인재인 이상, 이를 양성하는 기관을 국가에서 확립하였다. 이것이 오늘로 이어지는 국립 대학이다. 인재 양성에 주력하는 '국립 대학의 시초'는 고구려 소수림왕 2년(서기 372)에 세워진 태학(太學)에서 찾을 수 있다. 이후 신라 신문왕 2년에 세워진 국학(國學), 고려 성종 11년(992)에 세워진 국자감(國子監), 고려 충렬왕 30년(1304)에 개편된 성균관으로 이어짐으로써 국립 대학의 역사는 1,600여 년에 이르는 장구한 세월을 지탱하고 있다.

조선 시대에도 개국과 더불어 '성균관의 이름'을 계승했지만, 한양(오늘의 서울)을 선택한 변화 과정을 밟은 점에서 다를 뿐이다. 서울의 명륜동에 성균관과 함께 생원이 거처하는 마을이 구체화된 것은 태조 7년(1398)의 일이다. 성균관에는 학생을 가르치는 시설로서 명륜당(明倫堂)이 있었기에, 이를 상징물로 내세워 '명륜동의 땅이름'이 오늘까지 이어지게 되었다. 성균관은 다른 이름으로 '문묘(文廟)의 별칭'을 갖고 있다. 글을 읽는 문사(文士)들의 집단 활동과 제사 지내는 장소로서 기능해 온 데 따른 것이다. 성균관의 울타리는 신삼문(神三門)을 경계로 외부와 차단하며 성현들의 위패를 안치한 대성전에는 '신들이 자유롭게 출입'할 수 있게 조치하였다. 이 문을 통과하면 주요 시설로서, 공자의 위패를 안치한 대성전, 경전을 강의하는 명륜당, 생원이 거처하는 동재·서재가 배치되어 있다.

이 밖에 봄·가을로 거행되는 석존제(釋奠祭)에 대비한 제기(祭器)·향관청, 관원이 사무를 처리하던 서리청, 생원들의 식사를 준비하는 노비들의 거처인 비복청, 관리 임무에 주력하는 수복청 등의 부속 시설이 있다. 유교 경전을 가르치는 데 주력하는 것이 성균관일진대, 교주의 위치에 있는 공자를 최우선의 '숭배 대상'으로 삼는 것은 당연하다. 이런 기능과 관계된 건물이 대성전으로 중심 건물답게 정면 5칸, 측면 4칸의 누각 구조를 드러내고 있다. 빨간색으로 도장한 기둥·대문·벽의 모습에서 궁궐과 다름이 없다.

지붕은 겹처마의 구조를 보이는 팔작형이고, 암수의 기와를 덮은 점에서도 궁궐과 마찬가지다. 또한 문묘의 정전으로 기능하는 데 그치지 않고, 공부자(孔夫子)의 위패를 안치하는 동시에 우리나라 18현인의 위패도 봉안하고 있다. 건물 배치에서 '전묘후학(前廟後學)의 형식'을 따랐으므로 앞에 대성전인 문묘가 있고, 뒤를 향해서 학당(學堂)으로 기능하는 명륜당이 자리하고 있다. 이와 같은 배치 양식은 경주·전주·나주 등 전통적 지방 통치 거점을 통해 실재하는 까닭에, 주된 흐름으로 보지만 통일된 양식은 아니다.

명륜당은 유학의 도리와 강학(講學)을 이끄는 '강당의 기능'을 담당해 왔다. 구조상의 특색은 가운데를 높인 태실이 있고 이를 중심으로 양쪽 측면에 협실을 둠으로써, 용마루의 높이에서 다른 구조를 드러낼 뿐 아니라, 맞배지붕·팔작지붕을 혼합한 이중 구조를 보이고 있다. 스승과 제자의 자리를 분간하며 사제간의 차별을 엄격하게 하기 위한 방편에서 고안된 것으로 바닥을 온돌과 마루로 차별한 것도 같은 맥락이다.

그림 2-13. 생원의 숙소인 동 · 서재

그림 2-14. 성균관에 부속된 비복청

이와 같은 전통은 '스승의 그림자를 밟지 않는다'는 경구가 나올 정도로 스승을 '존경의 대상'으로 확고하게 위상을 굳히며 전통으로 이어지게 했다. 따라서 스승의 위상을 학문적으로 높게 평가하는 것은 물론이고 이에 상응하는 벼슬을 내렸는데, 성균관의 최고 책임자에게 주어지는 '대사성(大司成)의 직위'가 구체적 사례가 되고 있다. 그 밑에는 직강(直講)·박사(博士)·학정(學正)·학유(學諭) 등의 벼슬을 두었는데, 오늘날의 대학에서 흔하게 사용하는 명칭이나 용어와 그 맥락이 다르지 않다. 정원은 세종 11년(1429)부터 200명으로 확정되었다. 입학을 허용한 자격 기준은 생원과 진사 시험에 합격한 사람에 한한 까닭에, 인재 등용문으로 알려진 과거제도와 연계되었음은 당연하다. 이들 인재를 '국가의 동량(棟樑)'으로 취급하여 육성을 위한 재정 기반을 위해서 학전(學田)을 내어주고 비용을 충당하도록 조치하는 한편, 성균관의 동재·서재와 같은 구체적 수용 장소를 마련했다. 명륜당을 중심으로 '동서의 시설 배치'에서 이와 같이 이름붙였으며, 동·서재를 합할 경우 총 28개의 방으로 꾸며진 오늘의 기숙사와 기능에서 마찬가지다.

하나의 방은 '2칸의 넓이'를 확보했고 단층의 시설이며 평면으로 확장되는 과정을 통해서 장방형의 모습을 띠었다. 마치 27대에 이르는 조선 왕조의 '열성(列聖)을 안치'한 종묘와 마찬가지로 형태에서 '길게 늘어선 집'과 닮은 모습이다. 부속 시설 가운데는 생원의 식당과 함께 비복청도 포함되어 있다. 식당은 동·서재에 수용된 생원을 위한 것이며, 대량 수용을 위해서 33칸 규모로 지어졌다.

식사 때에는 북을 쳐서 집합 시간을 알렸고, 의관을 갖춘 채 상호간에 인사를 나눈 뒤 식사를 시작하는 '엄격한 예절'이 뒤따랐다. 따라서 많은 인원을 위한 음식 준비의 장소로서 10칸에 걸치는 주방이 별도로 확

그림 2-15. 담양 지방의 향교

보되는 한편, 창고와 그릇 저장소도 마련되었다. 음식을 마드는 것은 손놀림이 빠른 '여종들의 몫'이었다. 이들은 집단으로 거주한 까닭에 성균관 경내에 비복청이 마련되어 집단적으로 거주하는 마을의 모습을 드러내기도 했다.

전국적 조직 체계에서 성균관은 중앙 관서가 되는 만큼, 지방에는 하급 기관인 향교(鄕校)를 별도로 두었다. 군현(郡縣) 단위의 말단 통치 거점에 배치된 향교는 전국에 걸쳐 230여 개에 이르렀다. 따라서 군 · 현에 설치한 향교마다 대성전 · 명륜당 등의 주요 시설물은 배치 양식에서 거의 비슷한 형태를 드러내었다. 다만 지역에 따라 등급에서 차이를 보인 이유는 시설 규모 및 향교 직제에서 차이를 드러내었기 때문이다.

시설 규모에서 전남의 담양은 변방과 중간 정도라고 할 수 있는데, 명당의 형국을 따라 대성전은 지대가 높은 곳에 세워졌다. 초입에 대성전을 세운 성균관과 배치 양식에서 정반대이다. 이것은 배치 양식이 '고정불변의 상태'에 있지 않고, 지역이 갖는 지형 조건에 따라 달라졌음을 의미한다. 높고 낮은 형국에 대비하고 윗대의 조상 묘지를 산기슭에 조성하는 이른바 숭원 사상과도 맥락을 같이하는 것이다.

이와 같은 구도에서 강당으로 역할하는 명륜당과 함께 부속 시설은 평지로 내려오는 것이 당연하다. 간과해서 안될 점은 명륜당이 산세의 고도를 따라 수평의 방향으로 장옥(長屋)의 형태로 늘어선 사실에 있다. 경사 지형을 이용하는 방법에서 '깎고 메우는 토목 방식'보다, 기둥을 이용하고 복층(複層)의 가구 양식을 원용한 점이 특색이라고 할 수 있다. 이것은 자연에 대한 인간 측면의 적응 방식에서 일률적인 공식이 없다는 것을 암시하는 것이다.

벽지에 해당하는 제주도 정의의 경우 향교는 평지에 내외동이 분화된 단순 구조를 드러내고 있다. 이곳에는 '정9품의 훈장'을 둠으로써 인재 양성을 위한 교육 기능을 총괄하게 했다. 따라서 훈장은 양반 대열에 오르는 말단의 품계에 불과하지만, 지방에서는 확고한 토호이며 유지로서 지위를 굳힌 점에서 예외가 되지 않았다. 그렇다 하더라도 건축 양식을 중심으로 한 문화 형태에서 고유한 지역 성격을 반영함으로써, 한반도와 유사한 것이 있는 반면 판이한 것도 존재하고 있다.

묘지기 마을과 묘역

절대권력자는 죽은 다음에도 묘역을 수호하고 제사를 지내기 위해서 묘역 주변에 참봉마을을 조성하여 예우했다. 참봉(參奉)은 '묘지기의 벼슬'이므로 이들이 상주하는 곳을 중심으로 마을이 형성되었다. 고대 중국의 도읍지인 낙양에서부터 묘역은 낙수가 흐르는 남쪽보다 북망산이 자리한 북쪽에 조성되었다. 이런 풍습이 성행해 온 관계로 살아 있는 사람의 처지에서 '묘역이 조성'된 북쪽 방위를 기피하게 되는 관행을 낳기도 했다.

조선 왕조를 창설한 이성계의 묘역도, 한강 이북에 자리한 점에서 북망산천과 같은 맥락이다. 묘역을 조성하는 장소로서 명당을 지향하고 여기에 합당한 장소가 '산의 남쪽이고 강물의 북쪽'이란 지형 조건이다. 여기에다 '황골(黃骨)의 상태'로 오래도록 보존하는 토질 조건을 고려할 수밖에 없는 것이 묘지였다. 한강은 태백산맥에서 시작하여, 동·서 방향으로 흐르면서 서울의 남쪽을 감돌고 있다. 이런 지형 조건에서 '명당의 장소'는 당연히 강북에 드러나는데, 구체적 장소가 왕숙천의 서쪽으로 한때 '태조왕이 머물고 있던 곳'에서 유래된 이름과도 관계된다. 이성계와는 생전과 사후를 통해서 깊은 인연이 닿았던 땅이 왕숙천 일대이며 이곳에 건원릉을 비롯해서 동구릉이 조성된 배경이 되기도 했다.

그림 2-16. 왕릉과 전면의 정자각

동구릉은 태조의 건원릉을 비롯하여 24대의 헌종에 이르기까지 '아홉 개 왕릉'이 자리한 데서 붙여졌다. 이런 점에서 동구릉은 조성된 왕릉의 수, 서울과의 상대적 위치에서 붙여진 이름임이 확실하다. 이전에는 동5릉, 또는 동7릉으로 불리운 사실을 고려할 때 시간이 경과함에 따라 왕릉도 증가해 온 사실을 알려 준다. 여기에다 17기에 이르는 왕후의 묘역까지 합쳐서 조선 왕조 최대 묘역으로 위치를 굳혀 온 것이 확실하며, 이에 상응할 만큼 면적도 59.9만 평에 이르른다.

서울의 서쪽에도 왕릉이 있는데 서오릉과 서삼릉이 대표적 사례이다. 이들은 도성의 서쪽으로 뻗어간 북한산 줄기에 자리하여 산줄기의 원류에서 조성된 동구릉과 다르다. 서오릉에는 세조의 장남이며 왕자로 책봉되었던 의경세자(덕종으로 추존)의 묘를 조성(1457)하면서 오늘로 이어지게 되었다. 묘역 입구에는 '빨간 색으로 도장'한 홍살문이 있고 왕릉 앞에 이르러 정자각이 세워진 점을 통해서 왕릉의 공통된 배치 양식을 읽을 수 있다.

홍살문은 궁궐 · 관아에 세워놓은 '붉은색 기둥'과 마찬가지다. 이것이 홍주(紅柱)임을 감안할 때, 살아서 통치하는 권력 집단과 '죽음의 공간'인 왕릉이 동격임을 알리는 징표가 되고 있다. 그 밑바닥에는 인도에서 전래된 불교 문화와 상관관계에 있는 사실을 입증하고 있다. 홍살문을 들어설 경우 정자각이 나오는데, 형태상으로 정(丁)자를 닮은 데서 비롯된 것이다.

영문으로는 이런 유형을 'T자형의 집'으로 표현하고 있다. 문화권에서 다를 뿐 바라보는 시각과 표현 방법에서, 권역간에 차별이 없다는 것을 알리고 있다. 정자각은 2개의 맞배지붕을 직각으로 합성한 가구 양식인데, 통로와 함께 재실(齋室)로서 기능하는 점에서 특색을 찾을 수 있다. 또한 묘지기의 집을 조성하고 상주하도록 조치함으로써, 직업상의 묘직(墓直)이 실재했던 사실이 서오릉에 자리한 경릉(敬陵)에서 확인되고 있다. 20세의 나이로 왕위에도 오르지 못하고 타계한 것을 가엾게 여긴 특별 배려와 함께, 서오릉의 기원이 되었던 경릉을 예우한 것인지, 이에 대한 입증 자료는 어디에도 없다. 묘지기의 가옥 구조는 맞배지붕의 단순한 형태이며, 온돌 · 마루 · 부엌의 기능을 갖춘 3칸 구조로 되어 있다. 이런 점에서 맞배지붕의 가옥은 자연 제약을 탈피하기 위한 필요에서 급조된 가장 단순한 형태의 가옥이라고 할 수 있다.

도산서원에서는 노비들의 상주 거처를 위해 확보된 공간이 방 · 부엌

그림 2-17. 묘역에 조성된 묘지기의 집

으로 단순하게 압축되었던 상황을 고려할 때, 위의 묘지기 집에서 마루 공간의 추가는 도산서원과 비교가 되지 않을 정도로 여유가 있다. 이것은 왕실 밖의 양반 계급에 이르기까지 묘위전(墓位田)을 두고 묘지기의 경제 기반을 지원한 사실을 감안한다면, 왕릉의 경우 이보다 소홀할 수 없다는 배려에 따른 것이다. 수많은 왕릉에 대한 관리와 함께 주요 기능으로 떠오른 묘제를 위해서, 총괄 기구가 필요했으므로 재실로서 구체화되었던 것이다.

이러한 시설은 인원의 충당으로 이어지는 까닭에 묘역 주변에는 집단을 이루는 묘지기 마을이 등장하는 배경이 되기도 했다. 그러나 한강 이

그림 2-18. 재실과 묘역 관리 시설

남에 자리한 궁전 마을의 별묘(別廟)는 세종의 다섯째 왕자인 광평대군을 시조로 삼고 왕실 묘역의 성격을 안고 출발했지만, 현재 이씨 문중의 묘역으로 격하된 양상을 보인다. 이곳은 시제(時祭)를 비롯해서 묘역 양식과 관리에 이르기까지 왕릉에 준하고 있지만 재산권은 문중에서 관리하고 있으며, 문중의 상징적 의미를 안은 종가(宗家)까지 세워져 있다. 또한 광평대군파의 종회(宗會) 조직이 들어섬으로써 모든 관리 업무를 관장하고 있다.

Ⅲ.
읍성과 배후 지역

지방 통치 거점인 읍성 마을

서원 마을

사대부의 양반 마을

영세민과 중산층 마을

그림 3-1. 성곽으로 에워싸인 낙안 읍성

지방 통치 거점인 읍성 마을

왕정 시대에는 도성이 중앙집권을 위한 근거지로 역할을 했다면, 지방 통치를 위해서 행정 체계에 따른 거점이 있게 마련이었다. 조선 왕조 시대만 하더라도 주부군현(州府郡縣)의 행정 체계를 적용했으므로, 나름대로의 구역 경계를 긋고 공간 범위를 관장하는 수령과 함께 그들이 상주하며 통치하는 장소가 필요했다. 이것이 지방 곳곳에 산재한 읍성(邑城)이고 지역 중심지에 해당하는 전통 마을이다.

중심지는 주변에 대한 행정적 통제와 병행해서 군사적 방어까지 갖춘 복합 기능을 담당해 왔다. 따라서 기능 수행을 위한 고유 시설을 갖추는 데서 특수 경관이 드러난 마을이 형성되었다. 먼저 경관의 측면에서 바라보면 통치 · 군사 · 교육 · 종교의 목적에 의해서, 관아가 집중된 것을 특색으로 내세울 수 있다. 따라서 외각을 포위하고 있는 성곽은 안전을 도모하기 위한 군사 기능의 수행과도 관련된다. 군사 기능을 발휘하기 위해서는 자연과 인위적인 것에 걸쳐, 상응하는 조치를 취하는 것이 최우선 과제다. 자연 장애물은 차단하는 데 의미가 있을 뿐 아니라, 유사시에 벌어지는 승세(勝勢)가 지형과 밀접한 관계가 있으므로 험준한 지형을 요새로 활용해 온 배경이 되기도 했다. 이런 점에서 화분처럼 주위가 산지로 에워싸인 '분지의 땅'에 읍성을 조성해 자연을 지혜롭게 활용해 온 증거로 남는다.

전북의 고창과 전남의 낙안은 대표적 읍성 마을로 손꼽히고 있다. 낙안의 경우 이름이 암시하는 것처럼 '즐겁고 안정된 마을'로서 오랜 세월에 걸쳐 역사와 전통을 이어 왔다. 주위는 차단된 산줄기로 에워싸여 있고, 이를 보강하기 위해서 마을 주변에 인공 성곽을 쌓았다. 여기에다 성곽 외부에 참호와 해자(垓字)를 구축함으로써 2중 3중의 차단벽을 마련하는 한편, 외부와의 통용을 위해서 4방위에 걸치는 성문을 마련했다. 성문을 닫을 경우 철옹성이라는 표현처럼 외적 침입에도 안전을 도모할 수 있도록 구조적 조치를 취해 놓은 것이다.

전북의 고창도 원형이 보존된 읍성 마을이란 점에서 마찬가지다. 고창은 오래된 시간의 연속성과 함께 역사 발전 과정을 확인할 수 있을 만큼 고색이 짙은 전통문화가 잘 보존된 지역이다. 이것은 사람의 눈에 현상으로 비쳐지는 '가시적 구조물'이기에, 현대 사회에서 역사가 담긴 문화재로 평가되는 것은 당연하다. 문화재는 인간의 정신 활동이 창조해낸 산물이기에, 이 세상에서 하나밖에 없는 문화 형태이며 절대적 가치를 발휘하는 존재로 역할한다. 이렇게 되기까지에는 산으로 둘러싸인 지형이 큰 몫을 했다. 여기에 단단한 성곽을 쌓고 보완해 놓은 관계로 이름에서 의미하는 것처럼 '높은 언덕에 세워진 창고'와 같은 형국의 효험을 발휘함으로써 안전을 도모하는 데 기여해 왔다. 고창의 읍성은 돌로 조성되어 있는 까닭에 분류 체계에서 석성(石城)이 되고 있다. 이러한 성곽은 견고한 것이 장점이며 원형을 오래도록 유지할 수 있는 까닭에 불에 타는 목성(木城), 빗물에 무너지는 토성과는 달리 오늘날까지 건재한 채로 남아 있다.

중간에는 외부를 감시하기 위한 망루를 조성하는 한편, 적을 공격하기 위한 화살 구멍을 설치하였다. 또한 입구에는 대문을 설치하여 통제 기능을 강화하는 동시에 '전략적 미로'를 만들어 놓은 것도 안전을 도모하기 위한 구조상의 특색이다. 여기에다 주민들을 동원하여 '지신(地神)밟기 행사'를 진행해 왔으므로 더욱 단단한 성곽을 보존할 수 있었다. 오늘날 이 행사는 문화재로서의 가치를 높이는 주민 운동으로 승화되었다.

고창의 성 안으로 들어가면 중심 건물로서 동헌이 있고, 수령(守令)은 이곳을 집무 공간으로 활용해 왔다. 구조는 누각 형태의 팔작지붕으로 전각 형태의 궁궐과 차별되며, 한 단계 아래의 건물로 취급되고 있다. 단청을 칠하지 않은 모습에서 이런 현상이 반영되지만, 지붕을 덮은 기와가 '요철의 형태'를 띠며 전통적인 모습을 갖추고 있다. 통치의 편의

그림 3-2. 수령의 집무실이었던 동헌

그림 3-3. 숙박 기능을 갖춘 객사

를 위해서 시설 규모 · 양식에서는 통치 체계에 따른 지역 차이가 있을망정 한국 문화의 큰 골격에서 동질성을 벗어나지 않는다.

지방 통치 거점에는 공문서의 전달과 업무 감찰을 위해서 중앙으로부터 관리의 빈번한 출장이 있게 마련이다. 이 때에 대비한 '객사의 시설 확보'는 필수조건이었다. 객사 구조는 가운데에 용마루를 높인 태실이 있고, 양쪽의 측면으로 용마루를 낮춘 협실을 두었는데 마치 종묘 또는 명륜당의 구조와 유사한 양식이다. 전자는 태조와 일반 제왕과의 위패에 차별을 두기 위한 것이고, 후자는 스승과 제자의 좌석에서 차별을 두기 위한 것이었다.

마찬가지로 객사의 차별적 구조도 '숙박하는 사람'의 신분에 맞도록 구조적으로 조치한 데서 비롯된 것이다. 가운데의 태실은 왕명을 받든

'주역의 벼슬아치'가 이용하는 방이고, 측면의 협실은 수행원이 이용하는 방이 되었다. 이 밖에 인재 교육을 위한 향교, 좌수(座首)와 토호들이 모임을 갖는 향청, 범법자를 보호 · 감찰하는 옥사(獄舍), 군사 교육과 관련된 훈련청, 시제를 거행하는 제단이 들어서 있다.

이들 시설을 오늘의 관공서에 비유하는 관아라고 전제할 경우, 읍성마을은 관아가 집중된 고유 경관을 낳는 한편 기능상으로 행정 · 군사와 관련된 지역 중심지의 역할을 하기 마련이다. 이와 같은 관아와 관련 직종에 종사하는 사람들은 수령 · 순교 · 사령에 이르기까지 수십 명이고, 그 밑에는 지인(知印) · 관노 · 관비에 이르는 수많은 종속 직종으로 편성되어 있다.

경기도 양주의 경우, 하급 직책에 해당하는 순교 · 사령만 하더라도 각각 4~16명에서 6~12명에 이르고, 관노 · 관비는 10~15명에서 12~15명에 이르고 있다. 이들은 성 안에서 크지도 작지도 않은 주택에 거주하면서 아전 마을을 탄생시켰으며, 이들 가옥은 농어촌의 영세민과는 다른 유형의 형태를 이루었다. 이곳은 농촌에 장원(莊園) 형태로 들어선 사대부의 마을과 외형상으로 차이가 있는 동시에, 내부적으로는 백성에게 '민폐의 원성'을 산 부정적 측면을 안고 있었다.

그림 3-4. 풍기의 소수서원

서원 마을

지방에는 향교와 함께 서원(書院)이 세워졌다. 인재를 육성하기 위한 방법에서는 마찬가지이지만 설립 주체에서만큼은 서로가 다르다. 전자가 공립의 성격이라면 후자는 사립의 성격을 안고 있기 때문이다. 둘은 전근대적 교육기관일망정 다양한 사학(私學)을 낳게 한 계기를 만들었던 것이 분명하다. 따라서 ㅊ은 서재 · 서당 · 정사 · 서원을 사용했지만 가장 일반화된 것이 서원이다. 서원은 기능적 측면으로 볼 때 인재를 양성하기 위한 교육, 성현을 추모하는 제사로 압축되어 있으므로 향교와 크게 다르지 않다.

이와 같은 서원의 구성원으로는 교육하는 위치에 있는 진사(또는 훈장)와 교육을 받는 생원이 있었으며 심부름을 하는 노비가 있었다. 그래서 이들이 상주하는 서원 마을이 탄생하였다. 최초의 서원은 중종 때(1542) 주세붕에 의해서 세워졌다. 군수로 재임하던 시절 임지인 풍기에 세운 백운서원이 구체적 사례가 되고 있다. 나중에 퇴계로부터 현판 증정을 받으면서부터 '소수(紹修)'의 이름으로 병행하기도 했다.

서원에 세워진 중심 시설은 공자묘 · 강당 · 숙소가 대표적이다. 전자가 유교를 확립한 교주(공자를 말함)에게 제사지내는 '위패의 안치소'라면, 나머지는 생원을 가르치고 잠재우는 '교육의 장소'이다. 보다 구

그림 3-5. 안동의 도산서원 전경

체적인 모습을 안동의 도산서원에서 찾을 수 있는데 '서원의 대표적 위치'에 있다 해도 지나친 말이 아니다. 이 서원은 영남 사림(士林)의 중심에 있었던 '퇴계의 높은 학덕'에 감명을 받고, 배움의 길로 들어서려는 많은 생원들에게 학습 장소를 제공해 온 도산서당에서 비롯되었다.

도산서당은 본래 낙동강의 물줄기를 따라 세워졌다. 1570년에 퇴계가 61세로 타계하자 서당 뒤쪽에 위패를 봉안하게 된 것을 계기로 서원으로 승격 · 발전하게 되었다. 선조에 의해서 현판이 하사될 정도이고 조정의 지원을 받는 곳으로 격상된 위상을 보이기도 했다. 그러나 현대에 이르러서는 국토 개발에 우선하기 위한 안동댐의 건설 과정에서, 수몰 위기를 피하여 지대가 높은 '현재의 위치'로 옮겨오는 이변을 낳았다.

넓은 시각으로 바라볼 경우, 배치의 골격은 전학후묘(前學後廟)의 표현처럼 앞에는 생원을 가르치는 강당이 배치되고, 뒤에는 주인공인 퇴계와 제자(조목이 대표적)의 위패를 안치한 상덕묘가 자리해 있다. 강당으로 기능하는 대표적 건물은 '전교당(典教堂)'의 이름을 붙였는데 '위대한 가르침을 전하는 집'이란 의미가 담겨 있다. 이 건물에 왕이 친필로 내린 '도산서원'이란 현판이 걸려 있고, 서원의 중추적 기능을 담당하는 시설이 되고 있다.

전교당은 그 구조가 '팔각의 가구 양식'을 취하는 것도 외형상의 특색이지만, 내부 구조에서 넓은 마루와 좁은 온돌로 차별한 것도 특색이다. 사제간을 구별하려는 의식에서 비롯된 것으로 착각할 수 있지만 생원들로 하여금 '학구에 전념'하도록 조치하려는 환경 조성의 단면이다. 정신 활동은 섭씨 4도가 적합하고 육체 활동은 18도가 최적 온도라는 주

그림 3-6. 임금이 하사한 현판과 강당(전교당)

그림 3-7. 조명을 고려한 창문 구조

장과도 같은 맥락이므로, 오히려 미래지향적 인재 양성을 위한 과학적 배려라고 해석할 수 있다.

전교당의 동 · 서쪽으로 문집과 목판을 보관하는 서고를 둠으로써, 오늘의 도서관과 마찬가지의 기능 공간을 가졌다. 앞에는 동서로 분리된 숙소를 배치함으로써 생원들이 합숙하는 시설로 활용하는 한편, 한쪽 모퉁이에 전사청(典祀廳)을 둠으로써 춘추로 다가오는 제수 준비와 함께 생원들에게 식사 제공의 서비스도 담당했다. 이 일을 담당하는 사람들은 서원 마을에 종속된 채 생업을 이어가는 천민들이었다.

경내에서 특이한 것은 '농운의 이름'을 붙인 '정사(精舍)의 구조'에서 찾을 수 있다. 이 정사는 퇴계의 생존시에 지어졌고 활용한 점에서도 의미가 있다. 중요한 것은 '두 개의 건물'을 회랑으로 연결하기 위해서

'공자(工字)의 누운 형태'이며, 영문자로서 H자의 형태로 이어지도록 설계한 점에 있다. 이런 형식은 오래된 궁궐(특히 창덕궁)에서 구체화된 것으로 보아 궁궐 건축을 모방했다고 볼 수 있다. 독서에서의 절대적 조건인 조명을 고려하여 격자 창문을 '십자형으로 설계'한 점도 이 건물의 독창적인 특징이라고 할 수 있다.

그림 3-8. 하회마을의 흙벽 울타리

사대부의 양반 마을

사대부(士大夫)에 등재된 역사적 실존 인물들은 관서가 집중된 서울에서만 거주했던 것은 아니다. 벼슬이 높아질 경우 '직장 · 주거의 합일(合一) 원칙'에 의해서 직장이 있는 서울로 잠시 옮겨 왔을 뿐이다. 선조 때의 명재상이며 훈련도감을 창설한 '유성룡의 집터'도 흔히 남촌(南村)으로 통용되는 남산 기슭에 자리했으며, 길가에 세워진 표석은 이를 뒷받침하는 증거물이 되고 있다. 그렇지만 본관을 따라 풍원군에 책봉된 것을 보면, 이 지역을 행정적으로 관할하는 영남 지방에 생활 근거를 두었던 것이 확실하다.

유공이 실제 거주하던 마을은 안동의 하회(河回)로 알려져 있다. 낙동강 물줄기가 삼면을 휘돌아갈 만큼 굽이쳐 흐르는 사행(蛇行)화된 강변에 위치한 데서 붙여진 이름이다. 이곳에서 전해지는 말 가운데 '허씨 터전, 안씨의 문전, 유씨의 배판'이란 내용이 있다. 의미가 어떻든간에 선주민으로서 허씨 · 안씨가 있었고, 유씨는 나중에 '정착한 문중'임을 알리고 있다. 전자가 유리한 자연을 먼저 선택하고 '삶의 터전'을 조성했다면, 후자는 불리한 조건의 선택과 인위적 보완으로 주민과의 공존을 시도해 왔다고 볼 수 있다.

하회마을은 강 유역에 형성된 '충적의 토지'에 자리해 있다. 충적지는

그림 3-9. 전통 요소가 가득한 저택

저습한 특성을 안고 있어서 생활하기에 결코 유리한 장소라고 할 수 없다. 높고 메마른 장소가 인간 생활에 유리한 이상, 이런 장소일수록 먼저 정착한 주민에 의해서 삶의 터전으로 선택되기 마련이다. 따라서 집을 경계짓는 울타리도 흙벽을 사용하는 한편, 수평 상태의 고도를 유지하는 단층으로 조성되었다. 나중에 정착한 유공의 저택은 이와는 다르게 고상(高床)식으로 높이 쌓은 축대와 함께 솟아오른 복층(複層) 구조로 설계되었다. 그 결과 강변에 위치하고 있음에도 불구하고 오랜 세월에 걸쳐 수해를 입지 않고 원형이 보존된 채 전통 마을로서의 가치를 발휘하고 있다. 따라서 유공이 직접 살았던 충효당은 보물 414호로 지정되고, 현대에 이르러 영국 여왕이 방문할 정도의 명소가 되었다. 『택리지』에서 인간의 거주지를 구분하는 한편 '계거(溪居)로 표현'되는 개울가(또는 강가)를 최상의 조건으로 여겨온 데 따른 것이다.

안동의 하회와 함께 예안의 도산을 유사한 사례로 예시한 것을 보더라도, 물줄기가 용수로 활용되는 데 그치지 않고 방어상의 가치까지 지닌 것이다. 임진왜란 때에 권율 · 이순신을 추천한 사람이 유성룡임을 감안하면, 병략(兵略)에 능하지 않고서는 '하회의 땅'을 최상의 마을 입지로 선택하기 어렵다는 추측을 낳는다. 장구한 역사를 이어가는 데 '수덕(水德)에 의한 효과'가 결정적 요인이 되었다는 점에서, 삼면이 수로에 의해서 차단된 평양과 닮았다. 이와 같은 차단 기능은 오랜 세월에 걸쳐 가옥 구조에 담긴 전통 요소를 보존하고 문화재의 가치를 높이는 데 기여했다. 지붕은 전형적인 팔작이고, 그 위에 암수의 기와를 덮었다. 벽은 회로 칠함으로써 토벽이 외부로 노출되지 않았고 문은 널문과 격자 창을 혼용함으로써 차단과 폐쇄 기능에 주력한 느낌을 준다.

지반을 고상식으로 높이는 한편 계단을 조성함으로써, 저습한 환경에 인위적으로 적응하면서 '사대부의 위상'을 드높이는 이중적 효과를 발휘해 온 것과 맥락을 같이하고 있다. 사대부가 지배 계급으로 격상된 이상, 지휘를 받는 피지배 계급이 같은 울타리 안에 또는 주변에 거주했다는 것을 의미한다. 이들은 신분이 낮은 데 그치지 않고 경제적 기반도 취약한 관계로 거주 공간 역시 초라할 수밖에 없다. 가구주의 신분과 경제적 위상이 다르기 때문에 이것을 상징하는 가옥 구조 및 재료에서 차별이 생길 수밖에 없는 현실이 도사리고 있는 것이다.

정약용은 정조 재위 기간 (1777~1800)때에 승지의 벼슬을 지냈지만, 오히려 실학파의 거두로 알려졌으며 정약용의 지휘로 쌓은 수원성은 역사에 길이 남는 업적이 되고 있다. 본관이 전남 압해(押海)이고 팔대옥당(八代玉堂)으로 표현할 정도로, 여러 대에 걸쳐 '홍문관의 벼슬'을 살았던 집안으로 학문과 관직에서 자부심을 갖는 것은 당연하다. 이것은

그림 3-10. 정약용의 지침서에 기초한 수원성

그림 3-11. 정약용의 외가인 윤씨 명문

일찍부터 사대부에 등재된 전통과 함께, 새로운 업적을 다산이 추가하는 데서 더 큰 명문(名門)으로 떠오른 배경이 되었다.

생가는 회칠을 한 담벽으로 에워싸여 있다. 외부와 차단을 하기 위한 것이지만 대문이 기와를 덮은 맞배지붕으로 단순한 형태를 드러내는 데 특색이 있다. 통제 기능을 담당하는 문간방이 없는 구조를 통해서 별궁에 준하는 사대부의 집과는 격차를 드러내고 있다. 대문을 통해서 안으로 들어가면, ㄱ자와 ㄴ자의 형태로 곡부(曲部)를 이루는 주거 공간이 드러나지만, 이것 역시 으뜸의 위치에 있는 사대부의 저택과는 차별적이다. 다만 무더운 남부 지방의 기상 조건을 고려하여 통풍이 되도록 동간(棟間)을 벌려 놓은 점이 특색이다.

그렇다 하더라도 정약용이 수원성을 쌓은 업적만큼은 타의 추종을 불허하며, 기초 자료가 되었던 '성화주략을 제작'한 점에서 높은 공로를 인정할 수 있다. 규장각의 문신으로 활약하면서 정조와 맺은 인연 탓도 있지만, 동서양의 기술 서적을 참조하여 실학사상을 펼친 데 더 큰 의미가 있다. 실학사상은 과학 기술의 뒷받침으로만 가능했기에 과학 기술의 본고장과 직·간접의 교류가 없이는 불가능하다. 포교를 통한 서구 종교의 전래 과정이야말로 과학 기술을 묻어 오게 한 요인이다.

정약용의 집안은 친·외가를 통틀어 초기 교당의 지도자의 위치에 있었으므로 포교와 함께, 과학 기술의 메신저 역할을 해온 것도 사실이다. 특히 윤선도를 배출한 윤씨 집안이 외가였으므로 생가·외가를 통틀어 호남 지방의 사대부로 확고한 위치를 굳힌 것만은 분명하다. 무엇보다도 다산의 지침에 의한 수원성은 화포(火砲)를 장치하고, 종전과 다른 성곽 구조를 가졌다는 점에서 그 업적이 역사에 길이 남고 있다.

예산의 용궁리에는 김정희의 저택이 자리하고 있다. 이 저택은 증조

부인 김한신(1720~1758)이 영조의 둘째사위가 되면서 왕으로부터 하사받은 것이다. 고조가 이미 영의정의 벼슬에 올랐기에 처음에는 서울의 통의동에 별궁을 짓고 살았다. 그러다가 나중에 용궁리에 지은 저택을 하사받게 되었으니 직장 · 주거의 합일 원칙을 따른 것에 불과하다.

추사는 순조 19년(1819)에 문과에 급제하고 벼슬이 이조판서에 오르기도 했다. 여기에다 추사체(秋史體)의 글씨를 완성했을 뿐 아니라, 신라 진흥왕의 순수비(巡狩碑)를 고증할 만큼 금석학에도 조예가 깊었다. 이것은 그가 북학파의 박제가로부터 교육받은 사실과 병행해서 아버지를 수행하여 연경(북경)에 다녀온 데 따른 영향이며, 학문 · 서예 · 관직에 걸쳐 확고한 위치를 굳혔다. 저택은 조상 대대로 내려왔음에도 불구하고 명성에 부합되도록 추사의 이름을 따 '고택의 이름'을 붙였으며, 보물(547호)로 지정될 만큼 전통 문화재의 가치를 발휘하고 있다.

이 저택은 본래 53칸의 규모로 지어졌지만 이후 규모를 반으로 축소 · 복원하여 현재의 모습은 원형과 다르다. 따라서 사전(賜田)이 용궁리 일대에 펼쳐진 것을 고려하면, 원형의 경우 넓은 토지로 둘러싸인 '장원(estate)의 형태'였을 것으로 추정된다. 저택은 돌과 흙을 섞은 울타리로 에워쌈으로써 주변을 차단하는 동시에 자유로운 출입을 통제하는 데 주력했다. 울타리에 연해서 높은 축대와 계단이 달린 소슬대문이 세워지고, 이를 통해서 저택으로 출입이 가능하도록 설계했다.

대문 측면에 문간방을 배치했는데 출입자의 점검과 함께 잡사에 주력해 온 '노비의 거처'로 활용되었다. 내정으로 들어갈 경우 ㄱ자 형태의 사랑채를 배치하고, 건너편에 ㅁ자 형태의 안채를 배치함으로써, 남녀의 상용(常用) 공간을 구분해 놓고 있다. 간과해서 안 될 점은 권력 주변과 밀착되었던 영화로운 이면에, 쇠퇴의 그늘이 드리우며 '영어의 세

그림 3-12. 추사고택의 대문

월'을 빗겨 갈 수 없었던 사실에 있다. 당파 싸움이 극심했던 시절 노론의 우두머리에 있었던 사실과 함께, 씨족간의 분쟁(경주-안동 김씨)이 화근을 가져오게 만든 것이다.

이것이 원인이 되어 제주도로 유배를 가는 결과를 낳게 되었다. 유배는 원래 정치적 중죄를 범한 자에게 적용되는데 먼 곳에 보내, 종신에 걸쳐 돌아오지 못하게 하는 '형벌의 성격'을 안고 있다. 외로운 섬에 묶여 살게 하는 절도안치(絕島安置)가 여기에 해당한다. 제주도의 대정고을에서 오랜 세월 살았던 것도 이런 데 연유하며, 유배 생활을 하는 동안 '몽매한 주민'들에게 교화 사업을 펼치고 서체를 전수하면서 유별난 저항 정신을 배양하기도 했다.

강원도 강릉에는 오죽헌이 있는데 신사임당이 살던 집이다. 아버지가 진

그림 3-13. 강릉의 오죽헌과 상징물인 오죽

사이고 남편이 감찰(監察)의 벼슬을 지냈으며 아들이 대학자로서 이조판서를 지낸 율곡이다. 그러므로 세 방면에서 '확고한 양반 대열'에 들었을 뿐 아니라, 사임당 자신이 독자적 경전 공부와 함께 고유한 화법(畵法)을 창안해 내었다. 이것으로 역사에 길이 남는 명가(名家)로 기록되고 삶의 근거지였던 오죽헌(烏竹軒)은 중요한 문화 유적지로 각광을 받게 되었다.

오죽헌의 이름은 '까마귀의 발처럼 검은 빛의 대나무'가 울타리를 이룬 데서 붙여졌다. 동해안으로 북상하는 난류의 영향을 받아 오죽헌에는 온대 식물인 대나무가 무성하게 자랐는데, 죽서루와 같은 맥락으로 절개를 상징하는 의미까지 담고 있다. 아름다운 자연과 자애로운 사임당의 감화를 받아 율곡은 소년 시절에 이미 과거에 급제하고, 관계와 학계를 두루 섭렵하는 '실용학파의 거두'로 위치를 굳히게 되었다.

영세민과 중산층 마을

한국의 전통 사회는 주민이 종사하는 산업에 따라 신분을 달리했는데, 사(士)·농(農)·공(工)·상(商)은 이를 구분하는 업종이었다. 사대부는 최상의 위치에 있었으므로 절대권을 가진 군왕 다음의 지배 계급이었고, 문무(文武)에 걸치는 양반을 여기에 포함했다. 농업 경제에 의존하던 시절 경제 활동의 기반인 토지마저 신분에 걸맞게 왕이 하사했으므로, 비옥한 전답을 얼마의 규모로 소유했느냐가 관건이 되었다.

큰 규모의 경지는 소작인에 의해서 '위탁 경작' 되었지만, 가난한 양반의 경우 직접 경작에 참여해 온 관계로 농업을 으뜸 산업으로 여기면서, 농업에 종사하는 농민까지 상공인에 앞서 신분상의 예우를 갖추었다. 그렇다 하더라도 "수염이 대자라도 먹어야 양반이다"라는 속담이 회자될 정도로 생산·소비의 존재로서 양면성을 갖는 인간에게 생계를 꾸려가는 기반을 중시해야 하는 모순을 안게 되었다.

경제적 기반이 경작지에 있음을 감안할 때, 규모와 더불어 비옥도와 관련된 토지야말로 집안의 경제 사정을 반영하는 지표로 떠올랐다. 그런 까닭에 경지는 물과 함께 거주 장소를 결정하는 중요한 조건으로 취급돼 왔다. 경지 규모가 작으면서 척박한 토지의 경우 자급자족의 경제생활을 뒤흔드는 것은 물론이고, 곤궁한 생활에서 벗어나지 못하게 하는 '열악한 환경'이 되었다. 전통적 한국 농어촌이 가난을 대물림해 왔다고 표현해도, 부정할 수 없는 근거가 바로 여기에 있었다.

그렇게 하면서도, 공동으로 해결해야 할 사항이 음용수의 확보와 함께 자연 재난으로부터 회피 · 구제하는 일이었으므로, 국민들은 국가로부터의 혜택보다 '과중한 부담'만 안고 살아가야 했다. 그만큼 사회보장이 안 된 것이 전통적 한국 농어촌이었던 것이다. 따라서 국민 스스로가 자구책을 위해 노력하였는데, 이것은 공동으로 이용하기 위한 음료수 등을 확보하는 일에서부터 시작되었다. 이런 과정에서 '목마른 사람이 우물을 판다'는 경험철학이 생겨나기도 했다.

우물은 영천(靈泉) · 감천(甘泉) · 옥수(玉水)로 표현되는 '달콤하고 깨끗한 의미'를 부각하는 데 초점이 맞추어졌다. 그렇지만 체내 흡입과 체외 배출의 순환 원리를 통해서 인간 활동에 필요한 에너지를 얻어내는 점에서, 오늘날에 필요한 음료수와 다르지 않다. 이와 같이 용수 조건은 인간 생활을 지탱하는 '공동의 의미'를 안고 있지만, 생활 근거지가 되는 집안 사정에 따라 공급 방법이 달라지는 까닭에, 공동 · 개인 소유의 차별을 두는 것은 당연하다.

가옥 구조와 규모는 가구주의 경제 사정과 함께 사회적 신분을 반영하는 지표가 되었다. 영세한 농민의 경우, 지붕은 자연 소재를 이용한 초가로서 규모가 2~3칸에 불과한 까닭에 방과 함께 부엌만 있는 '최소 단위의 생활 공간'으로 기능하며, 초가 3칸을 영세 농민의 상징적 가옥으로 표현해 왔다.

그것은 비축할 만한 잉여 농산물이 많지 않기 때문에 대농(大農)의 경우처럼 창고 시설을 구비하지 못하고, 가옥의 전면에 협소한 저장 시설을 추가하여 비축이 필요한 물자를 보관하였다. 이것은 본채로 연결된

그림 3-14. 마을 안에 자리한 공동 우물

그림 3-15. 영세민의 단조로운 초가

그림 3-16. 획일화된 중산층 주택가

거주 공간의 확장과 더불어 곡부(曲部) 구조를 등장하게 한 배경이 되었다. 한편 야외에다 노적의 상태로 곡물을 저장함으로써 가건물을 등장시키기도 했다. 대문을 갖추지 않는 것도 영세민의 거주 공간임을 알리는 증거이다.

이와는 대조적으로 지방과 도성을 막론하고 통치 거점에는 중산층이 집중 거주했다. 이들은 '서리(胥吏)로 표현'되는 말단 관리 신분을 확보하는 한편, 상공업에 종사하면서 토지 외적인 경제 활동에 주력하며 생업을 이어 갔다. 그러기에 일터이면서 생활이 동시에 이루어지는 농촌 상황과는 달리, 직장과 주택이 분리되는 상황을 맞게 됐다. 이와 같은 기능상의 분리를 가져온 여건으로 하여금, 생산에 주력하는 경제 활동보다 '생활의 측면'으로 기울게 한 것이 원인이 되어, 청결을 동반하는 단조로운 구조를 낳게 한 배경이 되기도 했다.

가구주의 경제 사정과 사회적 지위는 가옥 구조에 곧바로 반영되었고, 그것은 주택 규모와 함께 배치 양식으로 이어지게 했음을 의미한다. 가장 단순한 형태가 一자형으로 구체화되었다면, 이것을 토대로 ㄱ(또는 ㄴ)·ㄷ·ㅁ자의 모습으로 배치 형태가 '계통적 변화'를 보이면서 확대되어 갔다. 공통점은 네모난 마당을 갖추고, 마당을 중심으로 부엌·안방·마루·건넌방으로 칸 배치가 확대되며, 대문을 통해서 외부와 연결된다는 사실에 있다.

이와 같은 구조는 규모에서 영세민의 경우보다 크지만, 사대부보다 작은 규모의 주택을 탄생하게 만든 배경이 되었다. 따라서 가족만의 공유 공간이며 프라이버시를 존중하는 가정마다의 생활 단위가 모여 중산층 주택가를 이루었다는 것을 알리고 있다.

Ⅳ.
교통과 군사 기능

포구와 나루 마을
숙박 시설과 원(院) 마을
산성과 병영 마을
누각과 놀이터 마을

그림 4-1. 돌담으로 조성된 조천 포구

포구와 나루 마을

고려조에 들어와 교통에 관한 제도를 비로소 확보했다. 지방 · 중앙 간의 원활한 연결을 위해서 중간의 연결 지점에 정(亭) · 역(驛) · 진(津) · 도(渡)의 거점을 두면서 비롯되었다. 성종 때에는 역(驛) · 관(關) · 강(江) · 포(浦)의 이름으로 제도를 보강하기도 했다. 지방 통치를 위해서 공문서의 전달과 함께, 관원과 물자의 수송이 필요한 데 따른 조치의 결과이며, 오늘에 이르기까지 이와 같은 교통과 관련된 '이름의 마을'은 전해지고 있다.

사람과 물자는 교통 노선을 따라 이동하는 것이기에, 전국적 조직망을 갖추고 운영되는 것은 당연하다. 따라서 교통 노선에 연한 분기점과 벽지에다 거점을 조성하고, 공수전(公須田)과 함께 역정(驛丁)을 배정했으므로, 특수 기능을 가진 마을을 낳게 된 배경이 되었다. 우리나라 가장 남단의 섬인 제주도의 경우, 해로를 이용해서 중앙과 연결되는 포구가 중요한 마을로 떠오른 것은 확실하다. 그리하여 제주 · 목포(또는 제주 · 부산)를 잇는 현재의 루트와는 달리, 조선 시대의 경우에는 조천 · 이진이 시 · 종점의 기능을 담당해 온 포구였다. 조천에는 그 흔적이 지금도 남아 있어서 조선 시대에 실재했던 '시간의 단면'을 가시적으로 드러내고 있다. 대표적인 것으로 파도를 막아내는 항만 시설과 함께, 육지에 높이 세운 연북정(戀北亭)을 들 수 있다. 전자의 경우 석재를 소재로 삼고, 직선 형태를 유지한 구조물에 의미를 둘 수 있다.

제주도는 화산 활동이 활발했던 곳으로 현무암의 석재가 사방에 널려 있다. 이것을 활용함으로써 자연 이용의 지혜와 함께 주변 환경에 알맞게 적응하기 위해서 노력해 온 주민 생활의 단면을 알 수 있다. 외부로부터 침입하는 거센 파도에 대응하는 한편 '배의 안전한 정박'을 위해서 인위적 시설로써 대응해 온 흔적이다. 당시의 선박은 바람을 이용한 범선(帆船)이었던 까닭에 항해하는 데 풍속이 중요할 것은 당연했다. 바람이 느리면 4~5시간, 빠를 경우 3~4시간이 소요되었다. 그러나 시·종점간에 지향점이 다른 관계로 풍향에 따라 속도가 달라질 수밖에 없었다. 또한 바람이 불지 않거나 강풍으로 바뀔 경우 선박 보호를 위해서 '안전한 대피소'가 필요하고 이를 위해서 항만이 조성되었다.

연북정은 단단한 성벽을 쌓고 그 위에 세운 건물로서, 바다를 중심으로 사방을 내다볼 수 있는 '조망의 장소'로 기능해 왔다. 해상을 왕래하는 선박과 더불어 혹시 발생할지도 모를 '해적의 침입'에 대해서도 경계의 끈을 놓치지 않기 위해서다. 이런 점에서 '정자의 기능'은 쉼터에 그치지 않고 군사적 의미까지 동시에 담아내었던 것이다. 구조는 관아의 성격을 띤 기와 지붕으로 팔각의 가구 양식을 이루는 문화 형태에서 중앙과의 차이점을 발견할 수 없다. 중앙 문화가 해로를 따라 종착 지점에로 전파된 사실을 입증하는 자료이다.

강줄기에도 배가 드나들었으므로 강포(江浦)라는 이름을 붙였다. 금강 하류의 강경(江景)은 한때 포구와 함께 강창(江倉)이 있는 '승지(勝地)의 땅'으로 알려졌다. 이와 같은 연유에서 '강경포의 이름'은 전해져 왔을 뿐 아니라, 평양·대구와 함께 한때 전국적 명성이 있는 시장으로

그림 4-2. 포구에 세워진 연북정

지위를 굳혀 왔다. 전성기에는 200여 척에 달하는 '크고 작은 범선'이 출입했고, 이를 바탕으로 한 상권이 금강 유역을 중심으로 충남·충북으로 확대되기도 했다.

『근대 한국의 산하와 풍물』이란 책에서 보더라도 금강에 합류하는 강경천에 '배가 들어오는 풍경'과 함께 '강창의 모습'이 선명한 사진으로 게재되어 있다. 그러나 이후 개항 시대를 맞이하면서 금강 하류에 자리한 군산이 개항장으로 탈바꿈하는 한편, 내륙에 철도가 부설되면서 '수로 이용의 교통 기능'은 상실되고 말았다. 이와 같은 변화의 와중에서도 포구를 내려다보는 옥녀봉에는 '전성기에 세워진 정자'와 함께 전통적 발자취가 그대로 남아 있다.

강물은 교통을 차단하는 자연 장애물의 하나였기에 나루터를 조성하

그림 4-3. 금강변의 옥녀봉과 문화 유적

그림 4-4. 노량진에 남아 있는 용봉정

고 도강의 교통 기능을 강화하기도 했다. 이를 위해서 강변에는 토지 · 진선(津船) · 진부(津夫)를 두고 임무 부여와 함께, 이에 종사하도록 조정이 뒷받침해 왔으므로 이것이 도진(渡津) 취락이며 나루 마을이다. 서울의 경우, 나루 마을은 한강을 사이에 두고 남북 연안을 따라 조성되었는데, 북쪽에는 용산 · 마포 · 서강이 대표적이고 남쪽에는 노량진 · 양화진 · 삼전도가 대표적이었다.

서강은 하류에 해당하므로 바다와 연결되는 이점이 있는 한편, 내륙으로 거슬러 올라갈 수 있는 '결절의 장소'가 되어 왔다. 그래서 전국 선박을 관장하는 전함사가 이곳에 설치되었고, 내륙 수로의 중심지임을 알리는 근거 자료가 되어 왔다. 마포는 하류의 서강, 상류의 용산의 중간 지점에 해당된다. 따라서 상행 · 하행을 위한 왕래가 빈번한 곳으로 기능했기에, 계류하는 선박이 많아 '번잡한 강포'로서 이름을 날렸지만 이는 내륙 수로 시대의 역사에 불과할 뿐이다.

한강을 가로질러 삼남지방과 연결하기 위한 '교통의 요지'로서, 삼전도 · 노량진 · 양화진 등이 있었다. 이들은 대표적 나루 마을로서 삼전도는 인조가 '청 태종에게 항복'한 치욕의 역사 현장이며, 노량진은 정조가 부왕인 '사도세자의 능 참배'를 위해 수원으로 행차하던 곳으로 알려졌다. 왕의 행차를 위해 용양봉저정(요약해서 龍鳳亭)을 지어서 오늘에 이르기까지 역사적 흔적으로 남게 했다.

이 건물은 정조의 행차를 위한 주정소(晝停所)로 기능했는데, 규모에서 정면 6칸 측면 2칸에 이르며, 가운데에 온돌과 함께 좌우로 툇간이 마련되어 있다. 이곳은 한강을 건너온 임금에게 휴식 장소로 기능했던 곳이며 이를 위한 부속 건물이 당연히 있다. 능묘 참배를 위한 '정조의 행차 그림'에 의하면, 수많은 수행원과 더불어 부교(浮橋)로 다리를 건

그림 4-5. 강변에 정박한 도선

너는 모습과 함께 주교사(舟橋司)를 비롯한 여러 채의 집이 들어선 것을 확인할 수 있다.

다리를 놓는 현대화 과정에서 그 기능이 상실되었다 하더라도, 섬진강과 같이 중심지에서 멀리 떨어진 '벽지의 땅'에는 아직도 전근대적 수로 경관이 남아 있다. 그래서 강변으로 다가온 도로와의 연결을 위해서 계류장과 함께 운송 장비로서 도선(渡船)이 마련되고 있는데, 현대 문명의 소외 지대로 남아 있는 증거가 되고 있다.

숙박 시설과 원(院) 마을

교통 노선은 물자 수송에 그치지 않고 사람의 이동을 동반하므로 화객(貨客) 수송이 별개가 될 수 없다. 교통 노선은 인간과 물자의 원활한 소통을 위해서 등장한 이상, 장비와 동력에 한계가 있던 과거에는 숙박·보관을 위한 시설이 병행하였음은 당연하다. 걸어서 다니던 시절 사람이 하루에 30리를 걷는다고 전제했으므로, 주요 도로에는 이와 같은 한계를 고려하여 주막과 원을 설치하였다.

근거로서 서울·동래(부산 관할)에 이르는 거리에 20여 개 역원이 설치된 것을 제시할 수 있다. 한강 유역에 위치한 서울과 낙동강 유역에 위치한 동래를 거점으로, 영남대로의 거리는 2대 내륙 수로에 걸쳐서 600리에 이른다. 이 거리를 다시 20개의 역원으로 나눌 경우, 역원간의 평균 거리가 30리에 이른다는 계산이 나온다.

중요한 것은 구간마다의 지형 조건에 따라 보행에 필요한 시간도 달라진다는 점이다. 이것은 역원간의 거리에 반영되는 까닭에 보행에 제약이 적은 평지에서 구간 거리가 늘어나고, 제약이 큰 산지에서 줄어드는 경향을 보이게 마련이다. 구체적 사례를 들 경우 판교·대평 구간에 이르는 평야 지역은 평균치의 거리가 15km로 늘어나는 데 반하여, 신혜원·조령원 같은 산간 지역의 경우 3~4km로 단축되고 있다.

그림 4-6. 원이 세워졌던 석벽 흔적

관련 유적은 후자와 같이 산간 지역에만 남아 있는데, 그것마저 내구력이 큰 석벽에 한정되어 있다. 다만 복원된 그림에 의해서 당시의 상황을 엿볼 수 있을 뿐이다. 그림에 의하면 대지는 방형(方形)을 이루면서 '기하학적 형태'를 드러내고 있는 것으로 보아 계획적 의도하에 조성된 것이 확실하다. 따라서 돌을 소재로 삼은 성벽 역시 직선과 직각 형태로 쌓아올린 데서, 의도적으로 조성된 문화 경관의 특성을 안고 있다.

성벽 내부는 '홀로의 대문'에 의해서만 출입할 수 있으므로 폐쇄 구조의 전형이다. 건물은 기와집과 초가로 크게 양분되는데, 전자는 겹지붕 형식이면서 모음집이고 뒤편에 ㄱ자의 곡부(曲部) 구조를 병설하고 있다. 후자의 경우 본채가 곡부 구조이고 부속 건물은 一자의 장옥(長屋) 형태를 보이고 있다. 이런 점에서 형태와 구조상의 특색에서 겹지붕 · 곡부 · 장옥에 이르는 순서를 따라 건물 등급이 매겨지고, 이런 등급에 맞추어 이용자의 신분도 달라졌던 사실을 뒷받침해 준다.

건축 소재는 산지 환경의 특성을 활용해서 주변에서 쉽게 취득할 수 있는 것으로 채워져 있다. 돌담과 목재, 자연 식생의 띠 · 억새는 대표적이며, 지역의 고유 성격을 반영하는 상징물이 되고 있다. 지붕을 덮은 기와는 현장에서 제조한 것이든 아니면 원거리에서 공급된 것이든, 고도화된 문화적 소산물임이 확실하다. 간과해서 안 될 점은 기와를 동원하면서까지 산간에 원을 설치하는 필요성과 함께, 산지와 차별되는 문화 환경을 보급한 사실에 있다.

교통 노선은 인간 · 물자의 수송에 설치 목적이 있는 이상, 인적이 드문 들판과 벽지에만 한정되어 있지 않다. 화객을 공급하는 크고 작은 마을에 적용하여 연결되는 일반화의 길을 걸어왔음을 의미한다. 이럴 경우 통치 거점에 마련된 숙박 시설을 병용하게 되는데, 이것을 원과 차별하여 객사로 통용해 왔다. 구조적 특색은 태실 · 협실을 둠으로써 조령과 같은 산지의 원 구조와 차별하였다.

모든 원은 의도적으로 조성되었다. 이에 반해서 주막은 기능에서 비슷하지만 자연발생적으로 드러난 것이기에 설비 주체에서 차이를 보이고 있다. 자연발생적인 주막이 일반 여행자와 상인을 위한 민간 주도의 숙박 기능을 담당하였다면, 원은 공적 여행자를 위한 관(官) 주도의 계

그림 4-7. 통치 거점에 복원된 숙박 시설

획 설정형 마을로서 성격을 굳혀 왔다. 조령원과 같은 후자의 경우 국가로부터 원위전(院位田)을 지급받고, 이를 경제 기반으로 활용하여 원의 기능을 유지해 온 특색을 갖고 있다.

산성과 병영 마을

국가의 성장과 안전을 도모하는 중요한 관건은 외적 침략으로부터 안전을 도모하는 데 있었다. 군비로써만 해결되는 과제라고 전제할 때, 침입에 대비하기 위한 방벽(防壁), 병력의 훈련과 주둔을 위한 병영(兵營), 무기 보관을 위한 병기고와 함께 군사를 지휘하는 수어장대(守禦將臺) 등이 필요하였다. 따라서 도성 주변은 물론이고, 외적과 충돌 가능성이 있는 접경 지대와 함께 변방에도 군사 기능을 강화하기 위한 제반 시설을 마련하였다.

『고려도경』에는 이를 '성시(城市)'라고 표현했는데, 이는 성곽으로 둘러싸인 요새를 의미하고 있다. 같은 책에서 쓰기를 "이런 곳에는 누참(壘塹)이 띄엄띄엄 설치되었다"고 했다. 보루는 성곽을 의미하고 참호는 성곽 외부에 파놓은 구덩이를 말한다. 서북방의 국경 지대를 중심으로 2중의 방어 시설을 구축함으로써, 진(鎭) 취락으로 기능해 온 사실을 뒷받침하고 있다.

조선조에는 왕실의 안전을 위해서 특히 도성 주변의 방위에 힘썼다. 주둔한 군병(軍兵)을 기준으로 삼을 때, 서울 주변의 광주 · 개성에서 1만 명 이상이고, 경기 지역의 수원 · 양주 · 파주 · 강화 · 남양 등지에 5천 명의 군사를 배치했다. 이것은 도성 방어에 동원하기 위한 것으로 광

그림 4-8. 정비가 잘 되어 있는 남한산성

주 · 강화 · 수원 등지에는 기능 수행을 위한 성곽이 구축되고, 오늘에 이르기까지 '군사와 관련된 역사 유적'으로 남아 있다.

남한산성의 경우 광주 관할임을 감안할 때 서울 남쪽으로 인접한 입지 조건을 활용하여 조선조의 중요한 요새 기능을 담당하였던 곳이다. 병자호란때 인조가 피난처로 이용했던 역사적 사실은 이를 뒷받침하는 증거이다. 『동국여지승람』에 "남한산성은 인조 4년에 쌓았고, 관청을 성 안으로 옮겨놓았다"고 기술되어 있다. 평지에 자리했던 광주의 통치 거점을 성 안으로 옮길 만큼 불안한 상황에 대비한 성곽이다.

통치 거점은 본래 행정과 군사 기능이 복합된 특성을 갖고 있다. 그런 것이 군사 기능에만 치우치게 된 것은 '청나라의 침입'에 대비하여, 산지를 활용한 성곽을 구축함으로써 '산성리(山城里)의 지명'과 함께 수많은 유형 문화재를 낳게 한 배경이 되었다. 남한산성에는 동서남북에 걸쳐 4개의 성문이 있고, 암문(暗門)으로 표현되는 16개의 비밀 통로를 갖추고 있다. 여기에다 80개에 달하는 우물을 확보하여 유사시에도 상당수의 '인원을 수용'할 수 있는 준비를 갖추었다. 또한 외부와의 연락도 가능하도록 설계하여 차단에 주력한 공고한 성곽의 특성을 구비했다. 그래서 병자호란(1636)이 일어났을 때 45일간 왕이 피신하여 항거한 거점으로 기능하였던 것이다. 군사력만큼은 호적때 앞에 무력했으므로 왕이 산성에서 내려와 항복하는 '수난의 현장'을 낳기도 했다. 성곽은 일장산의 능선을 따라 구축되어 곡선 형태를 드러내는 것이 특색이다.

북쪽이 높고 남쪽이 낮은 지형 조건에 의해 성곽도 산세를 따라 서울이 위치한 북쪽으로 험하게 노출되어 있다. 따라서 확 트인 '조망의 장소'가 드러나는 까닭에, 군사 지휘소인 수어장대도 이곳을 택하여 설치했다. 수어장대는 성 안에서 중심 건물의 위치를 차지하여 지대가 높고 상황 파악이 가능한 장소에 세워졌다. 건축 양식은 겹처마이면서 팔각의 가구 형태를 이루었고, 단청과 홍주(紅柱)로 도장하고 있다.

집 높이를 낮추는 한편 주춧돌에 한해서 상대적으로 높여 놓은 것도 일반 건물과 다른 구조상의 특색이다. 외부 공격으로부터 안전을 도모하려는 시도인 것이다. 또한 창과 벽이 없는 것도 구조적 특색인데 눈앞에 전개되는 전황 파악에 주력하기 위한 방편의 하나라고 할 수 있다. 성 안의 평평한 곳에는 연무관(演武館)이 세워졌는데, 산성이 요새이고 군사

그림 4-9. 남한산성의 수어장대

력이 중요한 만큼 장병들에 대한 훈련을 강화하기 위한 것이었다.

수원도 주둔한 군사 인원에서는 남한산성보다 못하지만, 다음 서열의 요새인 것만은 확실하다. 이를 입증하듯 단단한 성곽이 조성되었고 서울의 대문에 비유될 정도의 팔달문 등 여러 개의 대문을 만들었는데, 평지에 조성된 성곽과 함께 규모에서만큼은 남한산성을 능가하고 있다. 지대가 높은 곳을 선택하여 수어장대를 세워놓고 군사 지휘소로 활용한 점에서도 둘이 비슷하다.

구조는 겹집의 지붕에다 기와를 덮었고 팔각의 가구 양식을 도입했으며, 붉은 기둥과 단청을 한 점에서도 마찬가지다. 다만 규모에서 남한산

그림 4-10. 수어장대와 봉수대가 뚜렷한 수원성

성보다 작을 뿐이다. 전면(前面)의 크기에서 남한산성은 5칸인 데 반해서 수원성의 경우 2칸에 그치기 때문이다. 또한 군사 지휘소로 기능하는 수어장대와 나란히 통신 기능을 가진 봉수대를 설치하였다. 긴급 상황을 알리는 통신 방법으로 '횃불과 연기'를 활용했고, 이런 기능을 수행하기 위해서 봉수대를 세워 군사 기능과 연계하였다.

긴급 상황을 서울로 알리는 연결망을 구축하기 위해서 서울의 남산에도 봉수대가 세워졌다. 종착점의 기능을 수행하기 위해서인데 오늘날 복원해 놓은 봉수대에 의하면 '다섯 개의 구분'이 확연하다. 전국에서 올라오는 긴급 상황을 '지방별로 확인'하는 동시에, 총괄적 대책을 세우기 위

그림 4-11. 해미에 세워진 장성과 옹문

한 것이었다. 한편 해안으로부터의 침입에 대비해서 방어망을 구축해 놓았는데, 해안에 면한 각도에 '좌우의 수영(水營)'을 둔 것은 대표적 사례가 되고 있다.

충청의 해미(海美)는 바닷가에 위치한 좌영(左營)이 있던 마을로서 방어와 관련된 군사 시설이 '전통적 요소'로 남아 있다. 단단한 돌로 축조된 석성과 함께, 옹문(瓮門)은 지금까지 남아 있는 대표적 시설이다. 이를 뒷받침하듯 조선조를 살아온 서거정은 다음과 같은 시 구절을 남겨놓기도 했다. "백마가 힘차게 세류영(細柳營)에서 우는데, 중요한 땅 번진(藩鎭)의 절도사가 장성을 이루었네"라고. 훈련된 말이 영내를 달리는 풍경과 함께 장성으로 둘러싸인 요새의 모습을 묘사한 것이다.

누각과 놀이터 마을

『삼국사기』에 "백제의 비류왕은 궁궐 남쪽에 활터를 세워 관람했고, 무왕은 망해루(望海樓)를 짓고 잔치를 벌였다"고 했다. 전자가 무예를 자랑하는 사시(射矢)대의 관람 장소로 기능했다면, 후자는 연회를 즐기는 장소로 기능한 것을 의미한다. 볼거리를 내세운 관람과 함께 잔치를 벌임으로써, 평소의 긴장을 털고 휴식에 들어간 것을 뜻한다. 이것이 누각 중심의 놀이 마을이라고 전제할 때, 고대부터 이런 기능을 갖춘 마을이 실재했던 것으로 보인다.

장소의 특색은 지대가 높아 사방을 바라보며 자연과 더불어 사람들이 즐기고 마음을 여는 곳으로 기능해 온 점에 의미를 두고 있다. 절대권력에 의해 복종만을 강요당하는 궁궐에서 시범을 보이며, 유화(宥和)적 분위기를 조성하기 위해서 '경축을 빙자'한 의도적 잔치를 벌여 온 것이었다. 그래서 '경사로운 모임에 쓰이는 누각'이란 뜻이 담긴 경회루(慶會樓)의 현판을 단 건물이 탄생하였다.

이 건물은 조선 태조 때에 세워지고 태종 때에 오늘의 규모로 확장되었다. 연못과 어우러진 자연의 경승지를 선택하여 인위적 조경을 가미하면서 아름다움을 최대한 살리는 데 주력했다. 여기에다 문과 벽이 없고 사방이 잘 보이도록 '다락의 방식'으로 건물을 높여서 지은 것을 특

그림 4-12. 연못에 세워진 경회루

색으로 내세울 수 있다. 규모는 정면 7칸이고 측면 5칸으로 옆으로 길쭉한 방형(方形)이고 팔각의 가구 양식을 갖추었으며, 48개의 돌기 기둥으로 높게 떠받치고 있다.

『태종실록』에 쓰기를 "12년(1412)에 큰 누각을 지었고, 궁궐 서쪽으로 못을 팠는데 동서가 70척이고, 남북이 50척"이라고 했다. 이것은 인위적으로 조성된 연못임을 의미하는 까닭에, 경회루가 연못에 세워진 증거이기도 하다. 연못에는 2개의 섬을 조성하여 산수와 어우러진 '인위적 조경'을 갖추었지만 습기가 많은 것이 취약점이었다. 그래서 돌기둥을 높이 세우는 것으로 대응했고, 연회장은 건조한 각 마루의 2층을 활용했다. 습기를 피하면서 조망을 위한 방편에서이다. 지방에도 대표적 누각으로 촉석루 · 광한루 · 영남루 · 죽서루 등이 있지만, 유희적 기능을 갖는다는 점에서 중앙의 경회루와 마찬가지다. 촉석루는 진주의 남강 변의 경치를 활용하여 지은 것으로 그 자체만으로도 아름다운 누각이다. 여기에다 임진왜란 당시 논개가 '왜군의 장수'를 수장시켜 전세를 역전시킨 곳으로도 유명하다. 비록 기생에 불과한 신분이지만, 국가를 위한 의로운 죽음을 선택한 점에서 '강낭콩보다 진한 논개의 정절'을 찬양하며, 사당을 짓고 위패를 안치한 곳이기도 하다.

누각은 아름다운 경치를 조망할 수 있는 장소를 선택하여 중앙과 지방을 망라하고 유명 인사의 방문 장소가 되었으며, 여흥을 돋구기 위한 인물로 기생들이 등장하였다. 따라서 돌기둥 형태로 높게 만든 주춧돌과 붉은 색상의 나무 기둥이 혼합된 문화 경관이 드러나고 있다. 광한루는 광통(廣通)이란 이름으로 시작되었는데 평평하고 넓게 트여 있는 땅

그림 4-13. 강 언덕의 촉석루

그림 4-14. 자연과 조화된 소쇄원

을 선택한 데서 붙여졌다. 세월이 흐르면서 퇴락함에 따라 새롭게 고쳐 짓고 이름도 광한루로 바꿈으로써 오늘의 모습이 탄생되었다. 여기에 오작교를 설치하여 비록 평지일망정 물과 어우러진 누각의 정취를 높이는 한편 '호남 제일루(第一樓)'의 별칭과 같이 규모와 정취에서 이 고을 으뜸의 건물로서 위치를 굳혀 왔다. 세조 때의 명신(名臣)이었던 이석형은 광한루에 대해서 다음과 같은 글을 남겼다.

> 방장산 아래의 백척루(百尺樓), 푸른 산머리에 붉은 사다리가 높이 걸려 있네.

이곳은 백 척에 이르는 건물 규모로서 다락방의 구조와 함께 붉은 색으로 단장한 홍주가 유명하다. 강희맹은 "남국에서 이름난 광한루를 6월에 올라보니, 가을처럼 서늘하다"고 읊었다. 호남 제일의 누각인 만큼 규모가 크고, 광한루의 이름을 탄생케 한 배경을 설명하며, 작가의 생존 연대를 통해서 조선 초기의 건물임을 뒷받침하고 있다. 이러한 전통은 '춘향전의 무대'로 극화하면서 전국적 명성을 얻게 되어 '춘향(春香)의 사당'을 조성하는 일로 이어지게 했으며, 오늘날 춘향 선발 대회가 열리는 문화 행사장으로 전통을 이어가고 있다. 여기에다 각 마루로 단장한 2층을 연회장으로 활용하며, 연회와 제사 준비에 필요한 부속 건물이 주변으로 따라온 공통점을 안고 있다.

광주 외곽에는 '호남의 사림'들이 모여 놀던 소쇄원이 있다. 현판이 의미하듯 깨끗하고 시원한, 어른들의 '고상한 놀이터'로 알려져 있다. 조광조의 문하생인 양산보(1503~1557)가 우연하게 발견한 곳으로, 훨씬 이전에 존재해 왔던 건물인 것이 확실하다.

위치가 조광조의 유배지인 무등산 건너라는 사실을 감안하면, 스승의 그림자에 다가가려는 제자의 염원이 이곳을 선택하게 된 배경이 되었으므로, 자연에 묻혀 세상을 한탄해 온 '선비의 집회 장소'로 기능하기도 했다. 그래서 후손에게 "돌 하나 계곡 어느 한구석에 내 손길 닿지 않는 것이 없으므로, 하나도 손상해서는 안 되며 팔아넘겨서도 안 된다"고 유언을 했다. 이와 같이 수수한 만큼이나 건물도 단청이 없는 자연 그대로의 모습에서 외형적 특색을 찾을 수 있다.

V.
제사와 종교 기능

사당과 재실 마을

인물 숭배의 사당 마을

사찰과 주변 마을

그림 5-1. 박혁거세의 재실

사당과 재실 마을

한국의 '개국 시조는 단군 왕검' 이라고 설화의 방식을 통해 전해지고 있다. 단군 왕검은 천상 세계를 지배하는 '옥황상제의 손자'에 해당하는 까닭에, 천자(天子)라는 표현을 쓰며 '신성한 존재'로 여겨 왔다. 천자는 계보에서 하늘과 관계된 것에 그치지 않고, 하늘로부터 지상 세계를 다스리는 권한까지 위임받았으므로 세속의 인간과 차별되는 것은 당연하다. 하늘에 떠 있는 것이 태양임을 감안할 때, 단군 왕검은 물론이고 신라를 건국한 박혁거세, 고구려를 건국한 동명성왕도 여기에 관련된 '신화의 범주'에 포함되고 있다.

박혁거세는 삼국 가운데서 가장 먼저 신라를 건국한 시조 왕이며, 난생(卵生)설과 관련된 출생 비밀을 갖고 있다. 그러므로 천생(天生)설과 같은 맥락일 뿐 아니라, 승천(昇天)설과 관련된 '죽음의 기록'까지 남겼으므로, 출생과 죽음에 이르기까지 '신비한 설화'와 연계되어 있다. 기록에 의하면 "승천한 다음 7일 이후에 시신이 되어 오체(五體)로 떨어졌고, 그대로의 상태를 유지하여 묘를 만들었으므로 오릉(五陵)의 이름을 붙이게 되었다"고 했다.

그러나 현장의 안내문에는 이와는 달리 "혁거세의 시조왕을 비롯하여, 다섯의 왕과 왕비를 안치한 데서 오릉의 이름이 탄생하였다"고 적혀 있다. 하나의 신체에서 다섯 부위로 분열된 것이냐, 아니면 개체가 다른 '다섯 왕이 매장' 된 집단 묘지냐, 하는 것은 향후에 규명되고 통일을 기해야 될 내용이다. 묘가 자리한 위치는 형산강의 본 · 지류가 만나는 삼각지대이다. 이런 지형은 저습하면서 평탄한 속성을 안고 있는 관계로 산기슭을 선호하는 오늘의 추세와 상황에서 다르다.

이것은 풍수설이 등장하지 않았던 시대에 묘지가 조성되었음을 의미하는 증거이다. 어떻든 혁거세가 박씨 문중의 시조이며 신라를 개국한 시조인 관계로, 보통 사람과는 달리 '숭배의 대상' 으로 여겨지는 것은 당연하다. 그래서 조선조의 세종 11년(1429)에 이르러 재실(齋室)을 세우고 매년 가을에 향과 축문, 폐백을 내리고 제사를 지내도록 하였다. 전담하는 참봉을 문중에서 선발하고 제사에 전념하도록 조치한 데서 고유 기능을 가진 마을이 탄생되었다.

재실과 사당은 오릉의 입구에 세워졌으며 현재 경주 박씨의 종친회에서 관리하고 있다. 이런 점에서 박혁거세의 묘는 박씨의 문중 묘임과 동시에, 신라 왕조의 시조 묘역으로서 이중 기능을 갖는 것이 확실하다. 그렇다 하더라도 조성 시기가 조선 시대인 점을 고려할 때, 건축 양식에 숨어 있는 문화 경관은 '신라 시대와는 무관' 하게 조선 시대의 것으로만 가득 차 있다. 돌과 흙으로 뒤섞인 울타리와 연결해서 맞배지붕의 외삼문을 세우고, 안에 있는 재실로 들어가도록 설계한 것도 조선 시대 양식이다.

외삼문은 가운데에 신로(神路)를 배치하는 데 주력했으므로 주신(主神)만이 통행할 수 있는 전용 통로와 마찬가지다. 숭배 대상을 신격화했다는 것을 의미하지만 다른 한편으로 원시 종교의 뉘앙스를 풍기는 것도 사실이다. 재실은 팔각의 가구 양식에다 지붕에 기와를 덮었고, 기둥

그림 5-2. 고량부의 삼성사

에는 빨간색을 칠했다. 신성의 상징이므로 서민의 초가는 물론이고 사대부의 저택과도 차별된 격상의 모습으로 다가오고 있다.

제주도에도 '삼성혈(三姓穴)의 설화'가 전해지고 있다. 고 · 양 · 부 세 성씨가 땅속에서 솟아오른 내용으로, 하늘에서 내려온 것과 대비되는 지용(地湧)설에 근거한 것이다. 그렇지만 신비한 내용에서만큼은 천강설과 마찬가지로 신성한 의미를 갖는다. 따라서 '세 성씨의 시조'에게 제사지내기 위해서 삼성사(三姓祠)를 세웠으므로, 주인공이 탐라국의 시조이며 '제주의 본관(本貫)'을 가진 성씨란 점에서, 박혁거세와 같은 맥락이다. 성종 때에 현판을 달 만큼 오래된 건물이고, 의식과 예우 또한 오래된 전통을 간직한 것이 확실하다.

지금의 현판은 씨족을 의미하는 성(姓)이 아니고 신성을 상징하는 성

그림 5-3. 사대부 후원의 재실

(聖)으로 바뀐 것을 보면 시간이 지남에 따른 '의도적 미화'의 흔적이라고 할 수 있다. 그렇다 하더라도 큰 골격의 구조만큼은 예전 그대로를 보존하고 있으므로, 변방인 제주도에서 희귀한 전통문화적 요소로 손꼽히고 있다. 출입문은 소슬대문의 형태인데 마치 '태실과 협실'을 압축한 것처럼, 맞배지붕과 함께 붉은 색의 둥근 기둥으로 되어 있다.

안으로 들어가면 '네모진 마당'을 중심으로 전면에 사당을 배치하였는데, 팔각의 가구 양식을 드러내면서 측면을 향해서 5칸의 크기로 세워졌다. 빨간색으로 도장한 둥근 기둥과 함께 세 개로 칸막이한 모습이 열성(列聖)을 배치한 종묘(宗廟)와 유사한 모습을 보이고 있다. 옆에는 제사와 관리를 전담하는 거주 공간을 배치함으로써 '신성과 세속이 혼재'하는 성격을 안고 있다. 다만 세속 공간은 단장하지 않은 기둥 모습에서 차이를 보일 뿐, 녹색의 격자 창을 드러내는 점에서 마찬가지다.

문무에 걸친 양반의 문중에도 재실이 조성되고 있는데, 조선조의 통치 이념으로 강조한 유교적 조상숭배의 단면이다. 그래서 가옥 구조의 한 부분으로 집안에 끌어들였고, 재실의 존재 여부는 '당대의 양반 신분'을 알리는 지표가 되기도 했다. 서울의 제기동에서 '남산의 한옥마을'로 옮겨 온 해풍군 윤영택의 집에는 재실이 세워져 있다. 이곳에는 조상의 위패를 봉안함으로써 살아 있는 후손과 '공존하는 생활 공간'으로서의 성격을 엿볼 수 있다.

재실은 집터의 윗자리에 해당하는 후원에 조성함으로써 신성한 장소의 의미를 최대한 살렸다. 조상 시신을 모신 서원과 묘역은 본래 '지대가 높은 안쪽'으로 갈수록 시대를 앞서간 윗대에 해당하는 관계로, 가옥이 들어선 울타리 안에서도 재실의 장소로 후원을 선택한 배경이 되었다. 구조는 맞배지붕의 기와집이며, 격자 창문을 통해서 재실로 들어가도록 설계했다. 칸막이를 세우지 않은 것이 왕실의 종묘와 차별되는 양식이고 '조상신들의 공용 공간'이면서 후손과 함께 어우러지는 '생사(生死)의 공간'으로 활용하는 점에서 특색을 찾을 수 있다.

그림 5-4. 관우의 영령을 모신 동묘

인물 숭배의 사당 마을

서울의 숭인동에는 동묘(東廟)가 있다. 관우(關羽)의 위패를 모신 장소로서 선조 32년(1599)에 조성된 것인데, 임진왜란을 겪은 이후 명나라의 요청에 따라 세워졌다. 중국 사람인 관우가 영령(英靈)이 비범하여 임진왜란을 종식시키는 데 기여했다는 이유로, 사당을 세우고 은공을 보답하라는 취지에 따른 것이다. 중화사상(中華思想)의 표현처럼 '중국의 우월성'을 한반도에 고착시키려는 의도에서 출발한 것으로 내정간섭의 단면을 드러내는 증거이기도 하다.

중요한 것은 이를 계기로 관우가 관왕(關王)으로 격상되는 동시에, 전국에 걸쳐 민간신앙의 토대가 되었다는 사실이다. 민간신앙의 확산 거점은 명나라 군대의 주둔지와도 일치를 보였는데, 서울 · 강진 · 남원 · 성주 · 안동이 대표적 지역이 되었다. 서울의 경우 동묘가 중심이 되었고 현판은 명나라 황제(신종)의 친필일 정도로 격상되어 있다. 관우장군은 중국 황제들이 가장 존경하는 인물이란 사실에도 그 이유는 있었다.

건물은 출입을 통제하는 대문부터 한국의 '외삼문'과 다르다. 맞배지붕이면서도 지붕 높이가 네 개의 층을 이루었으며 칸 배치도 다섯으로 분화된 점에서 차별적이다. 안으로 들어가면 네모꼴의 마당을 중심으로 정면에 위패를 안치한 본당, 좌우에 부속된 건물로 별채를 마련함으로써 '중국의 삼합원(三合院) 양식'을 도입하였다. 이것은 한국의 전통문화와 차별된 경관 구조로 다가오게 한 요인이 되었다.

무엇보다 중요한 것은 민간신앙이며 미신 확산의 거점으로 발돋움하였다는 점에 있다. 조선에 지원군으로 파견된 명나라 장군이 울산에서 왜적을 공격했으나 실패하면서부터, 영내에 '관우장군의 사당'을 세우고 장군의 '영험한 신조(神助)'를 통한 승리를 기원하게 되었다. 공교롭게도 전세는 이후에 역전됨으로써 군인은 물론이고, 일반 국민에 이르기까지 호국의 군신(軍神)으로 인정하며 떠받들게 되었다.

여파는 군 내부에 그치지 않고 민간 사회로 확산되어 병마의 퇴치는 물론이고 사업의 번창, 자녀의 출생에도 영향을 미친다고 신통력을 믿게 되었다. 이것은 관우를 주신(主神)으로 삼은 신앙 단체로 발전하고, 천수 · 영명 · 월성 등의 이름으로 전국적 조직을 갖게 되었다. 그렇다 하더라도 종교의 근간을 이루는 교리와 경전이 없는 것은 물론이고, 오직 신통력에 의존하며 원화소복(遠禍召福)만을 기원했기에 미신의 한계에서 벗어나지 못하게 되었다.

한국에도 존경하는 인물로 이순신 장군이 있다. 임진왜란 당시 수군통제사의 위치에 있으면서 지혜로운 작전을 편 결과, 상황이 불리함에도 불구하고 전세를 역전시키고 조국 수호의 결과로 이어진 데 따른 것이다. 전국에 걸쳐 이충무공의 사당은 어떤 인물보다 널리 분포돼 있다. 수로를 이용한 방대한 범위의 '해전을 지휘' 한 것에도 이유는 있지만, 전국에 걸친 '국민적 존경심'에서 공감대를 형성한 것과 관계된다.

대표적인 사당은 임진왜란 당시 해전을 벌이다가 전사했던 남해의 노량에 세워져 있다. 왕실마저 도성을 버리고 의주로 피난길을 떠나던 무렵, 충무공이 빈약한 전력으로 수로를 통한 왜군 보급로를 차단하여 전

그림 5-5. 노량의 충무공 사당

세를 역전시킨 공로를 인정하고, 좌의정과 덕풍부원군으로 추존(追尊)하는 예우를 갖추기도 했다. 전사한 곳에는 사당을 지어서 충렬사(忠烈祠)의 이름을 붙였으며 제사를 올리고 관리에 힘써 왔으므로 나름대로 마을이 형성되었다.

노량의 경우 출입문은 세 칸으로 된 소슬대문이며, 붉은 색의 기둥과 널문으로 된 맞배지붕을 갖추고 있다. 사당도 마찬가지로 붉은 색으로 도장했으며, 격자 창문에 의해서 외부와 차단되고 있다. 시설은 현재 문화재로 지정되고 있지만 충무공의 위대한 능력을 신격화하여 관우처럼 미신의 대상인 주신(主神)으로 전락하지 않은 것이 차별적이다. 이밖에도 활동 거점이었던 한산도, 생가가 있었던 아산에도 현충사가 세워져 있다.

그림 5-6. 겹지붕의 불교 사찰

사찰과 주변 마을

사찰은 인도에서 발생한 불교를 포교하며 중생을 교화 · 구제하는 곳으로서 기능해 왔다. 교주의 위치에 있는 부처를 모시고 경배하며, 수행과 불공에 전념하는 것을 주된 일로 삼는다. 수행에 정진하는 집단이 승려이고 이들이 상주하는 곳이 절이므로 세속의 삶과 방식에서 다를 것은 당연하다. 그래서 '부처의 가르침'을 따라 숭고한 정신 활동을 펼치는 데 주력한다 하더라도, 살아 있는 사람의 활동 무대라는 점에서 '세속의 마을'과 유사성을 갖고 있다.

불교가 한국에 전래된 것은 고구려의 소수림왕 때이며, 당시의 도성인 평양을 중심으로 절이 세워졌다. 최초에 세워진 것은 초문사이지만 구색을 갖춘 '대표적인 절'은 금강사로 알려져 있다. 이 절이 498년에 건립된 점을 고려할 때 한국에 정착된 불교의 전통과 함께 문화적 토대에 대해서 '이해의 근거'를 마련한 계기가 되었다. 무엇보다 중요한 것은 절이 '왕궁과 동격(同格)'의 위상을 드러낸 사실에 있다. 하늘의 아들인 군주가 현세에 군림한 1인자라면, 하늘에서 내려온 부처는 내세의 1인자로 추종되었기 때문이다.

왕궁과 사찰에서 주된 건물의 공통점은 겹지붕에 있다. 평양에 자리한 고구려 안학궁의 복원된 모습을 보면, 궁문과 외전(外殿)이 모두 '치미로 장식' 된 우진각 지붕이고 내전만이 합각(合閣)을 이루는 겹지붕으로 되어 있다. 이것이 대형 전각에 드러난 '팔작지붕의 전신' 이라고 전제할 경우, 남하 루트를 타고 신라의 사찰에도 영향을 미칠 것은 당연하다. 팔각(八角)의 가구 양식과 관련된 이런 지붕은 불감(佛龕)을 통해서 통일신라 시대의 양식으로 밝혀진 바 있기 때문이다.

신라 진흥왕 30년(569)에 완성된 황룡사의 복원도를 통해서도 이와 같은 건축 양식이 확인되고 있다. 먼저 가람 배치에서 경내의 가운데를 차지하는 것이 9층탑이고, 이를 중심으로 주위가 회랑으로 연결된 점에 특색이 있다. 이것이 '하나의 탑' 을 중심에 둔 양식이란 사실에 초점을 맞춰 흔히 '일탑(一塔) 형식의 가람 배치' 라고 표현하고 있다. 이 양식은 탑을 중심으로 앞에는 정문, 뒤에는 금당(金堂)이 일직선상으로 배열되고, 강당 · 경루 · 종각 · 요사 등이 주변에 자리하며 지붕은 치미로 장식되어 있다. 또한 겹처마의 지붕 형태를 드러내며 종각과 경루만이 모음집의 특색을 갖추었지만 '하나의 탑' 으로 일관해 온 사찰 배치의 양식에서 벗어나지 못하고 있다. 그러나 신라 후기에 접어들면서 '두 개의 탑' 으로 바뀌는 '변화의 국면' 을 맞이하였다.

오늘날 전통문화의 상징인 불국사에도 다보탑 · 석가탑이 세워졌으므로 후자의 양식에 포함되며 '세워진 연대' 와 함께 회랑 구조를 엿볼 수 있는 자료가 되고 있다. 뿐만 아니라 시간의 변화와 더불어 공간 양식에서 엄청난 변화를 가져온 증거가 되고 있다. 불국사는 경덕왕 10년(751)에 시작하여 9년 만에 건축이 완성된 절이며, 구조적 특색에서 쌍탑 배치에 그치지 않고 불교의 세계관을 표현하는 데 주력하여, 다음 왕조인 고려의 왕도 건설에 영향을 미치기도 했다.

즉, 절로 올라가는 계단을 33개로 조성하여 도리천 중심의 '서른 개에

그림 5-7. 계단 위에 세워진 불국사

그림 5-8. 장흥 보림사의 쌍탑

달하는 천상 세계'를 형상화하는 한편, 계단으로 오르기 직전의 평지에 연못을 조성하여 고해로 표현되는 이 '세상을 상징하는 그림'으로 제시하기도 했다. 그렇지만 실제 상황은 토함산 줄기의 산기슭에 절을 세우기 위해 '넓고 평평한 부지'를 확보하려는 방책에서 비롯되고 있다. 건물을 세우기에 알맞은 상태의 토지가 조성되지 않았기에 '깎고 메우는 공법'이 동원될 것은 당연하며, 이런 과정에서 교리와 연계된 '승화의 방법'을 모색한 것으로 보인다.

특히 쌍탑은 679년에 세워진 경주의 사천왕사지에서 드러남으로써 불국사보다 시간적으로 앞서고 있다. 이 절의 경내는 남북으로 길고 동서로 좁은 관계로, 일자(日字) 형태의 배치와 마찬가지며 길쭉한 부지를 따라

정문–금당–강당을 배치하고 있다. 정문은 외부와의 차단벽 역할을 하는 한편, 금당 앞에는 탑을 좌우로 배치함으로써 대칭에서 오는 균형미를 살리는 데 주력하고 있다. 본래의 탑은 '부처의 사리(舍利)'를 안치하는 데서 비롯된 만큼, 경내에서 성역으로 여겨 온 배경이 되었다.

금당에 불상을 안치하면서부터 성역이 건물 안으로 옮겨오는 '변화의 국면'을 맞게 되었다. 이것을 대웅전으로 통용하지만 시간 경과에 따른 사찰 배치의 변화를 뒷받침하는 증거이다. 이런 점에서 대웅전은 불상의 안치와 관계되고, 이전의 상황일수록 '부처의 사리'를 안치하는 데 주력해 온 증거로 남는다. 다만 사리를 탑의 형태로 보존하느냐, 아니면 건물에 안치하느냐의 차이를 드러낼 뿐이다. 후자와 같은 것을 적멸보궁(寂滅寶宮)으로 분류하는데, 양산의 통도사는 대표적 사례이며 어느 곳에서도 불상을 발견할 수 없다.

통도사가 '사리를 봉안'한 절로서 유명한 것과는 대조적으로 합천의 해인사는 경전을 보관한 절로서 알려져 있다. 경전은 팔만에 이르는 '대장경의 목판(木板)'인 까닭에, 이를 보관하기 위한 큰 규모의 경고(經庫)에 초점이 모아졌다. 여기에다 수많은 암자와 함께 법당 · 강당 · 요사로 이어지는 시설이 추가됨으로써, 사찰 경내에 엄청난 시설이 집중된 '마을 형태의 수행 도량'으로 탈바꿈하게 되는 것은 당연하다.

변화의 흔적은 건축물에만 있지 않고, 사리를 봉안하는 탑에도 적용되어 왔다. 영원성을 지향하는 것이 종교임을 감안할 때, 탑의 소재도 내구성이 큰 석탑이 가장 보편화된 배경이 되었다. 석탑의 소재는 화강암으로 남부에 치우친 암석의 분포 지역과 무관하지 않다. 불국사 경내의 다보탑과 석가탑이 화강암으로 조성된 것도 이와 같은 암석 분포와 같은 맥락이다.

여기에 이르는 과정에는 목탑 · 전탑(塼塔)의 단계를 밟아 왔으므로,

그림 5-9. 단지를 이룬 해인사 가람

이와 같은 사실을 빼놓고 설명할 수 없다. 후자는 석탑을 등장시킨 직전 단계이며 경주의 분황사에서 사례를 찾고 있지만, 화건(火乾) 또는 일건(日乾)법에 의해서 제작된 벽돌과는 다른 모습이다. 오직 안산(安山)암을 쪼개고 벽돌처럼 쌓아올린 사리탑에 불과하므로 들이는 공에 비하여 기대 효과는 적게 나타났다. 그래서 석탑으로 전환되는 계기를 맞지만 인도에서 발생한 불교 양식의 범주를 벗어나지 못했다.

인도에서 사리를 봉안한 탑을 스투파(stupa)라고 한다. 이것이 중국으로 전파되는 과정에서 소도파 · 탑파 등의 이름으로 변형되었고, 한자의 표기 과정에서 탑으로 생략되었다. 이런 점에서 모든 탑은 스투파에서 원형을 찾을 수 있고, 소재에 따라 석탑 · 전탑 · 목탑으로 유형을 달리하

그림 5-10. 목탑으로 된 법주사 팔상전

였는데 이는 지역 환경의 소산이라고 할 수 있다. 습기에 의한 부식을 염려하는 한국에서는 석탑이 주류를 이루며 목탑은 속리산 법주사의 팔상전이 그 예가 될 수 있다.

Ⅵ.
마을과 입지 장소

평지의 농촌 마을
산지의 산촌 마을
해안의 어촌
도서 지방과 섬 마을

그림 6-1. 지주 농민의 기와집

그림 6-2. 자급 농민의 초가

평지의 농촌 마을

태백산맥이 동해안으로 치우친 지리적 환경으로 강물은 서 · 남해안으로 흐르고, 유역에 평야가 집중됨으로써 한민족의 중심적 활동 무대는 이곳에 전개되었다. 평야에는 광활한 논밭이 펼쳐져 있는 관계로, 집들은 문전옥답(門前沃畓)이라는 표현처럼 대문 가까이에 '비옥한 논밭'이 있는 것을 이상으로 여겨 왔다. 비옥한 땅일수록 소출이 많고 사람들이 모여들어 괴촌을 형성해 온 까닭에, 마을 주변에 분포된 경지일수록 높게 평가하는 사실과 관계된다. 토지를 경작하는 데는 노동력이 필요하고, 노동력 투입을 위한 시간 · 비용의 손실은 거리와 상관관계를 갖기 때문이다.

이와 같은 조건의 경지를 넓게 소유할 경우 '대농(大農)'이라고 할 수 있는데, 이들은 비옥하고 넓은 경지에 소유 경계를 마련하고 집을 보호하기 위한 차단 막으로 울타리를 쳐 왔다. 울타리는 돌과 흙을 혼용하였고, 그 위에 기와를 덮음으로써 침식 방지와 더불어 가구주의 품위를 과시하는 상징물로 여겨 왔다.

집은 안전한 울타리 안에 세워졌는데, 기와를 덮은 팔각의 가구 양식을 도입함으로써, 한국의 역사 · 문화적 전통을 이어가고 있다. 구조상의 특색은 곡물과 농기구의 저장을 위해서 창고 시설을 갖춘 데서 확연히 드러나고 있다. 집의 규모도 중요하지만 대창(大倉)으로 표현되는 창고와 함께 몇 개로 분화되느냐에 따라 부를 가름하는 상징물로 여겨졌기 때문이다. 울타리 안에 고목(古木)이 들어설 경우, 자연과 조화된 운치는 물론이고 경제적 여유와 함께, 사회적 지위를 지탱해 온 역사를 반영함으로써 '대를 이어온 종가(宗家)'와도 맞먹는다.

자급 상태의 농가는 '큰 규모의 집'을 여러 채 가지고 있으면서도, 초가(草家)의 부류에서 벗어나지 못하는 한계가 있다. 벼는 '1m 내외의 높이'로 자라는 습지 작물이고 이것은 인간에게 '식량이 되는 쌀'을 제공하는 한편, 지붕의 재료가 되는 '가치'를 발휘하지만, 자연 이용 단계에서 벗어나지 못하는 한계를 안겨 주었다. 따라서 지붕을 엮는 방법마저 제약을 받는 관계로, 초가의 경우 우진각 지붕이 주류를 이루게 마련이다.

섬세하게 엮을 수 없는 초재(草材)의 속성과 맞물리면서 지붕 형태를 결정한 요인이 되었다는 의미다. 이런 점에서 기와-초재로 이어지는 지붕 재료는 지붕 형태를 결정짓는 데 그치지 않고, 집안의 경제 사정을 반영하는 지표로 되어 있다. 울타리와 함께 출입하는 문도 이와 같은 지표가 되기는 마찬가지다. 초가의 경우 자연 소재를 이용한 싸리문과 함께, 숲을 이용한 생울타리가 일반적이기 때문이다.

산지의 산촌 마을

산간으로 갈수록 경지가 협소할 뿐 아니라 단위 면적에 대한 생산성도 낮다. 그래서 전통 마을의 경우 농업만으로 자급자족이 어려운 탓에 약초 · 산채 · 목축을 병행하고 있다. 산지는 수목이 우거지고, 풀이 무성한 영역으로 기능하기 때문이다. 따라서 지붕도 주위에서 쉽게 취득할 수 있는 나무를 소재로 삼은 까닭에 '너와집으로 통용' 되는 판옥(板屋)이 남아 있다. 나무를 쪼갠 조악한 판잣집을 의미하지만, 신라 시대부터 "산지에 판옥을 짓고 살았다"는 기록을 통해서, 오래전부터 인간이 창안해 온 거주 양식으로 해석되고 있다.

지붕은 팔각의 가구 양식을 도입하였으므로 초가보다 섬세하고 발전적인 편에 속한다. 그렇다 하더라도 산간의 차가운 기후를 의식하여, 병렬 구조를 도입함으로써 '단열 구조로 배치' 된 평지와 차별적이다. 모든 것을 지붕 밑에 수용해야만 되고, 옥외 출입을 자제해야 하는 환경을 고려한 결과이다. 그러므로 거실과 창고는 물론이고 심지어 가축 우리까지 모두 한 지붕 밑에 수용하는 특색을 갖고 있다.

연료는 물론이고 울타리도 산지에서만 볼 수 있는 목책(木柵)이 구체화되고 있다. 특색은 목재 중심의 재료에 그치지 않고, 농가가 고립 · 분산된 형태적 측면도 산지만이 갖는 고유한 모습이다. 그래서 형태상으로

그림 6-3. 태백산지의 너와집

그림 6-4. 고립 분산된 산촌

흩어진 산촌(dispersion)이 되고, 기능상으로 산지 경제에 주력하는 산촌(mountain village)이 등장하고 있다. 형태와 기능을 포괄하는 산촌의 등장 배경에는 화전 경작이 요인으로 작용하고 있다.

나무와 숲에 불을 지른 다음 거기에서 얻어지는 재거름을 활용하여 농작물을 재배하는 것을 화전이라고 통용한다. 재거름의 효과는 2~3년 동안 지속되고 그 이상 계속할 수 없는 까닭에, 효용 한계가 지나면 새로운 곳으로 이동해야 하는 제약이 따른다. 이것을 이동식 농업으로 분류하고 있지만 한국의 산지에는 '세속의 공간'으로부터 뛰쳐 나간 수행자 · 은둔자에 의해서 '화전이 조성'되어 온 관계로, 채집과 함께 원시 단계의 유형과는 차별성이 따르고 있다.

그림 6-5. 길게 확장된 객주의 집

해안의 어촌

해안에는 어촌이 발달하는데, 바다에 나가 고기를 잡거나 해조류의 채취로써 생업을 유지한다. 이런 환경에서 배는 중요한 장비가 되고 노획물이 되는 어류 · 김 등은 주요한 수입원이 되어 왔다. 황해 연안의 법성포는 수군절제사가 주둔할 만큼 조선 시대부터 해상 교통의 요지로서 전통을 굳혀 왔고, 세금으로 바치는 미곡을 계량하며 왕도로 수송하는 임무를 담당해 왔다. 여기에다 굴비 산지의 기능까지 추가되었으므로 예전부터 해촌(coastal village)의 성격과 함께, 어촌(fisher village)의 기능을 유지하게 되었다.

전자가 해안에 자리한 '입지의 특성'을 부각시켜 교통에 초점이 모아졌다면, 후자는 어업에 종사하는 '기능적 측면'에 초점이 모아지고 있다. 이런 점에서 법성포는 고대에 이미 중국으로부터 '불법(佛法)과 성상(聖像)'을 들여올 만큼, 해상 교통의 요지로 기능해 온 전통을 갖고 있다. 이후 '굴비의 산지'로 기능이 탈바꿈해 온 역사를 겹치게 되었다. 어획 활동을 위한 장비로서 어선이 필수적이지만 아무나 소유할 수 없는 것이기에 선주(船主)가 군림하게 되고, 이들을 중심으로 불공정한 상행위가 이루어지는 객주(客主)가 탄생되기도 했다.

객주가 사는 집은 영세한 어부의 집보다 넓고 길다. 선박에 종속된 어

그림 6-6. 서해안의 굴비 건조장

부들에 그치지 않고 굴비를 취급하는 상인까지 몰려들기 때문이다. 이들을 수용하기 위해서 가옥 구조는 측면 확장을 시도한 데서 소작인을 수용하는 '열대의 장옥(long house)'과 유사한 형태를 드러내었다. 그렇다 하더라도 해안 지역은 지형 제약이 큰 관계로, 평지의 경우처럼 직선으로 뻗지 못하는 한계를 안게 되고, 관리 체계를 위해서 곡부 형태로 변형을 보였다.

지붕은 초재(草材)로 엮었으므로, 기와를 덮은 평야 지역의 대농과 비교되지 않을 정도로 열악하다. 농업 경제가 중심에 서 있던 전통적 사회에 대한 단면적 표출이다. 법성 포구에서도 어촌 성격이 강한 진내(鎭內)를 근거로 삼을 때, 어업 종사 가구는 20%에도 미치지 못하고 있다. 대

그림 6-7. 태백산지의 황태장

다수의 가구가 농업에 종사함으로써, 전체 구도에서 '농업이 주이고 어업이 부차적'이지만, 전국적 명성은 극소수가 종사하는 어업에서 찾는 아이러니를 낳고 있다.

굴비는 조선 시대부터 왕실에 진상할 정도로 높이 평가해 온 건어물이었다. 교통이 불편했던 시절, 신선한 생선을 진상할 수 없는 상황이기에 염장(鹽藏)·건어(乾魚)로의 가공 과정을 거쳤으며 이것이 굴비의 탄생 배경이다. 동해안에는 명태가 주산물이 되고 있다. 한류를 따라 북쪽에서 회유해 왔으므로 북어(北魚)로 통용돼 왔지만, 건어물을 위한 가공 과정을 거치면서 명태(明太)로 전환된 것이다.

명태는 상품 가치를 발휘하는 동해안의 대표적 건어물이다. 굴비처럼 주산지에서 가공까지 겹치지 않고, 주산지 · 가공 장소를 분리하는 데서 명태만이 갖는 고유한 성격이 드러난다. 겨울철 동해안에서 어획한 것을 지대가 높은 내륙의 태백 산지로 운반하여, 혹한의 노지(露地)를 이용한 냉동 · 건조를 반복하는 방법을 택하고 있다. 그래서 생산지와는 별도로 건조 시설이 등장했는데, 이것을 황태장이라고 이름붙이고 있다. 누렇게 변화시키는 가공 장소의 의미와 함께, 별미를 돋구는 촉매의 장소로 기능해 온 데 따른 것이다.

도서 지방과 섬 마을

한반도에 주된 영토를 확보하고 있는 상황에서, 섬은 부속된 영토이며 변방에 불과할 뿐이다. 통치 거점에서 문화는 발달하고 변방을 향해서 확산되는 이상, 변방도 중앙 문화권에 동화될 수밖에 없는 상황이지만 고유성이 완전히 소멸되지는 않는다. 면적에서 가장 큰 것이 제주도라면, 이곳의 특색은 자연을 소재로 삼은 가옥 구조에서 원초적 모습을 찾을 수 있다. 따라서 황야에서 무성하게 자라는 것이 띠와 억새이므로, 이것을 재료로 활용한 초가지붕을 빼놓을 수 없다.

제주도는 고려 때에 행정 구역상으로 동서로 분리된 현(縣)을 두고 말단의 통치 거점으로 기능해 왔다. 이런 곳을 중심으로 역사와 전통이 누적된 마을이 조성된 관아가 들어선 점을 고려할 때, 억새와 띠로 엮은 토착적 지붕이 나타나는 곳과 일치한다. 간과해서 안 될 점은 '원초적 지붕'의 모습에서, 무거운 '가로의 막대'를 덮고 있는 사실에 있다. 횡목압지(橫木壓之)의 옛 기록이 입증하듯 "무거운 가로막대가 지붕을 누르며 온전하게 지탱한다"는 의미를 안고 있다.

바람이 세찬 제주도의 환경에서, 내구력을 발휘하고 지붕을 그대로 유지하는 방법이 무거운 압력뿐이란 사실을 경험으로 인식한 데 따른 것이다. 구조적 특색은 가로의 나무막대, 세로의 밧줄을 교차점에서 단단하

그림 6-8. 토착 가옥과 차별된 관아

게 엮고, 모서리가 드러나는 양각(兩角)에 매듭을 짓는 골각이(토속 명칭)를 설치하는 점에 있다. 구조가 고려 시대에 보편화된 것이라면 이후의 조선조에는 가로막대를 제거하고, 띠로만 엮은 '단일화된 세망(細網)'에서 특색을 찾을 수 있다.

보다 발전된 모습은 바람과 비를 막는 시설로서, 풍차(風遮)가 등장한 사실에 있다. 섬이라는 환경에서 해륙풍이 발달하고, 바람은 비를 동반한 채 수시로 불어오는 까닭에, 바람막이로서의 풍차가 필수 시설로서 구상되었다. 자연에 적응하려는 제주도 주민들의 활동 결과가 지역 고유의 문화 형태로 등장했던 것이다.

띠로 엮은 오늘의 지붕에서, 4각형 그물은 교차점에서 매듭을 짓는 작업이 생략되었다. 바람이 덜 분 데 따른 적응 방식의 변화에서 온 것인지, 아니면 노동력을 절약하기 위한 방법에서 온 것인지 해명된 바는 없다. 그렇다 하더라도 분명한 지속성은 띠로 엮은 지붕과 함께, 네 귀퉁이가 드러난 마당을 중심으로 안채 · 바깥채 · 옆채의 거주 공간을 배치하고, 곡부 · 장옥의 형태로서 거주 공간을 연결하지 않고 단절한 데서 그 특색을 찾을 수 있다.

중국 남부의 삼합원 · 사합원의 형식과 유사하며, 무더운 환경을 의식하고 통풍을 고려한 설계라는 점에서도 유사성이 있다. 한편, 한반도에서 가장 멀리 떨어진 울릉도의 경우에도 지붕에 가로막대가 드러나 있는데, 제주도와 함께 변방 해양 환경이 갖는 공통된 성격이다. 다른 점이 있다면 벽까지 '띠와 억새의 초재'로 덮고 있는 점에 있다. 수평 상태로 불어오는 바람과 비는 물론이고, 심지어 눈과 같은 제약이 많은 울릉도의 기후에 적응하기 위한 조치이다.

그림 6-9. 띠로 엮은 제주도 지붕

그림 6-10. 울릉도의 갈대 및 횡목 지붕

참고문헌

강대현, 『서울의 도시화에 의한 지역구조변화』, 경희대 박사논문, 1980
강석오, 『한국지리』, 새글사, 1974
京畿道, 『郡-邑誌』
『경복궁 안내도』
『高麗史』
『고려도경』, 민족문화추진회(역), 1977
김기웅, 『고분』, 대원사, 1991
김동현, 『한국목조 건물의 특성』 정각도량 64호, 2001
김선문, 『조선건축사』, 발언, 1993
김선양, 『교육사』, 형설출판사, 1998
김용국, 『서울의 명승지: 서울 600년사』(제4권), 서울시사편찬위원회, 1981
김정기, 『한국목조건물』, 일지사, 1997
김정학, 『한민족의 형성사: 한국문화사대계 1』, 고려대민족문화연구소, 1964
나도승, 『부강리 하항(河港)취락의 성쇠과정』, 공주교대논문집 제5집, 1968
『남산골 한옥마을』, 서울시문화국, 2004
『都城全圖』
동아대 국학연구원, 『대동지지』(영인본), 1976
『梅泉野錄』
문화재청 종묘관리소, 『종묘』
문화재청 동구릉관리소, 『동구릉』, 2002
문화재청 고양지구관리소, 『서오릉』
민경배, 『민간신앙: 서울 600년사』(제4권), 서울시사편찬위원회, 1988
『백제의 역사 속으로』(부여군 안내책자)
『신증 동국여지승람』, 민족문화추진회(역), 1970
『三國史記』
『成均館』
『세종실록』
손정목, 『서울의 마을 구성: 서울 600년사』(민속편), 서울시사편찬위원회, 1990
수원시, 『화성과 축제문화』, 1998
신영훈, 『수원의 화성』, 조선일보사, 1999
—, 『조선의 궁궐』, 조선일보사, 2000

— , 『안동 하회마을』, 조선일보사, 2000
양진건, 「추사 김정희의 제주유배와 교학사상」, 『제주도연구』(제9집), 1992
오홍석, 『제주도의 취락에 관한 지리학적 연구』, 창음사, 1974
— , 「법성포구의 어촌연구」, 『지리학총』(제10호), 1983
— , 「범선항시대의 제주-서울간 해로와 주변 취락」, 『사학논총』, 태학사, 1984
— , 「태백산지의 산촌연구」, 『지리학연구』(제9집), 1984
— , 『漢江邊의 취락: 漢江史』, 서울시사편찬위원회, 1985
— , 『증보판 취락지리학』, 교학연구사, 1989
— , 『서울의 마을생활: 서울 600년사』(민속편), 서울시사편찬위원회, 1990
— , 『역사 공간에 대한 지리학적 과제: 인문현상의 다양성과 지역 차이』, 교학연구사, 1992
— , 『땅 이름 나라 얼굴』, 고려원, 1995
— , 『삶과 죽음의 공간양식』, 도서출판 줌, 2003
— , 「제주도의 지역 특성과 문학-예술적 표현」, 제주대 『탐라문화』(제29호), 2006
『墉齋叢話』
『운현궁』
유홍준, 『김정희』, 학고재, 2006
윤종순, 『5대 고궁』, 숭민, 2005
이기석, 『舊邑聚落에 관한 연구』, 『地理學』(제4호), 1968
— , 『백제몽촌토성의 입지특성』, 『지리교육논총』(제19집), 1988
이병도, 『국사대관』, 보문각, 1957
이상용, 『분단 50년 북한을 가다』, 한국문원, 1995
이용범, 『處容說話의 一考察』, 『震檀學報』(제32호), 1969
이덕일, 『정약용과 그의 형제들』, 김영사, 2006
장충식, 『신라석탑연구』, 일지사, 1991
전주 이씨 광평대군파종회, 궁촌별묘 안내책자
『정림사지』
『濟州邑誌』
주남철, 『한국의 목조건축』, 서울대학교출판부, 1999
『창경궁』
『창덕궁안내도』
『靑丘圖』
최석로, 『사진으로 보는 근대한국』, 서문당, 1987
최완기, 『한강변의 수륙교통: 한강사』, 서울시사편찬위원회, 1985
『太宗實錄』
『擇里志』
『한강사』, 서울시사편찬위원회, 1985
한국문화유산답사회, 『답사여행의 길잡이』, 돌베개, 2005
허일식, 『경주역사기행』, 아이 북 스토어, 2000
현대아산, 『고려오백년 도읍지』(개성관광)

찾아보기

오 홍 석

서울대 지리과 졸업(이학박사)
동국대 교수 및 학장 역임
미국 유타대 교환교수
환경, 묘지, 지명, 지역정보 분야의 정책자문위원
『서울 600년사』, 『한강사』, 『북한지역총람』 등의 집필위원
정부로부터 황조근정훈장
현재 KISTI 전문연구위원

저서

『제주도의 취락 연구』, 창암사, 1974
『취락지리학』, 교학사, 1980; 증보판, 교학연구사, 1989
『인문지리학원론』, 교학사, 1982
『환경교육』, 한국방송통신대출판부, 1992
『인문현상의 지역차와 다양성』, 교학연구사, 1992
『환경인식과 실천의 새 지평』, 교학연구사, 1993
『땅이름 나라얼굴』, 고려원, 1995
『한국의 농어촌과 환경연구』, 교학연구사, 1995
『날으는 새가 되어 땅위를 살펴본다』, 덕산미디어, 1998
『당신도 명당을 볼 수 있다』, 덕산미디어, 1998
『인간의 대지』, 덕산미디어, 1999
『삶과 죽음의 공간양식』, 도서출판 줌, 2003
『현대한국지리학사』, 도서출판 줌, 2004
『내가 만난 세상』, 도서출판 줌, 2005
『자연은 인간에게 무엇인가?』, 도서출판 줌, 2006

이화여자대학교출판문화원 기획 시리즈

'우리 문화의 뿌리를 찾아서'

1. 한국사 입문 신형식 지음
2. 전통 한복의 멋-노리개 이경자 지음
3. 한국의 지붕 · 선 임석재 지음
4. 한국의 창 · 문 임석재 지음
5. 한국의 돌 · 담 · 길 임석재 지음
6. 한국의 전통 공간 임석재 지음
7. 한국의 꽃살 · 기둥 · 누각 임석재 지음
8. 우리춤 김말복 지음
9. 한국 고전여성작가의 시세계 이혜순 지음
10. 한국의 탈춤 조동일 지음
11. 한국의 전통 교육 최완기 지음
12. 한국의 풍속 : 민간 신앙 최준식 지음
13. 한국의 전통 사회 : 화폐 원유한 지음
14. 한국의 전통 공예 : 도기 나선화 지음
15. 한국의 전통 선박-한선(韓船) 최완기 지음
16. 한국의 여행 문학 김태준 지음
17. 한국의 전통 사회 : 시장 정승모 지음
18. 한국의 전통 공예 : 소반 배만실 지음
19. 조선 상류 주택의 내부 공간과 가구 최상헌 지음
20. 한국의 전통 사회 : 운송 기구 최운식 지음
21. 한국의 종교 : 불교 최준식 지음
22. 한국의 전통 과학 : 천문학 박창범 지음
23. 한국의 전통 무예 : 18기 최복규 지음
24. 한국의 풍속 : 잔치 윤서석 지음
25. 한국의 전통 마을 오홍석 지음
26. 한국의 전통 시가 김대행 지음
27. 한국의 전통 회화 홍선표 지음
28. 한국의 음식 : 김치 김숙희 지음
29. 한국의 족보(族譜) 정승모 지음
30. 한국의 문자 : 한글 박창원 지음

한국의 전통 마을

펴낸날 1판 1쇄 2008년 6월 18일
1판 2쇄 2017년 6월 23일
지은이 오홍석
펴낸이 권은미
펴낸곳 이화여자대학교출판문화원
주소 서울특별시 서대문구 이화여대길 52(우 03760)
등록 1954년 7월 6일 제9-61호
전화 02-3277-2965(편집), 362-6076(마케팅)
팩스 02-312-4312
전자우편 press@ewha.ac.kr
홈페이지 www.ewhapress.com
책임편집 정경임
디자인 GNA Communications
찍은곳 한영문화사

ISBN 978-89-7300-777-6 04380
ISBN 978-89-7300-602-9 (세트)
값 12,000원